Tradition und Kultur

an der deutschen Nordseeküste

Herausgegeben von
Jürgen Newig und Hans Theede

Edition Ellert & Richter

Inhalt

Der ganze Zauber eines Tages mit dichten Wolken liegt auf dem 1899 auf Sylt entstandenen Bild „Meeresstille“ von Hinrich Wrage (1843–1912).

6/7

Die Nordseeküste in Sage, Volkserzählung und Literatur

Manfred Wedemeyer

Am Anfang der literarischen Entdeckung der Nordseeküste stehen die Inseln Norderney und Helgoland. Als erster deutscher Dichter hat Heinrich Heine sie besungen. Er entdeckte die Nordsee als ästhetisches Phänomen. In seinem Zyklus „Die Nordsee“ (1825–1826) hob er sie aus der Anonymität heraus: „Ich liebe das Meer wie meine Seele. Oft wird mir sogar zumute, als sei das Meer eigentlich meine Seele.“ Pierre Corbin stellt in seiner Studie „Meereslust. Das Abendland und die Entdeckung der Küste“ (1990) fest: „Erst die Zeit zwischen 1750 und 1840 ... erlebt das unwiderstehliche Erwachen eines kollektiven Verlangens nach der Küste. Die Meeresufer werden eine Zuflucht vor den Unbilden der Zivilisation, sie werden zu Orten, ... an denen man das Auseinanderklaffen der Menschen- und Erdgeschichte spürt. Hier entfaltet sich die erhabene Schönheit der Nordsee und die Pathetik der sturmbewegten Fluten. Hier findet das Individuum hinfort die Möglichkeit, sich mit den Elementen auseinanderzusetzen.“

Heinrich Heine entdeckt die Nordseeküste für die Literatur

Heinrich Heine, der „Hofdichter“ der Nordsee, sah den Gegensatz von natürlicher oder regelfreier Welt und gesellschaftlicher oder geregelter Welt. Er fuhr an die Nordsee und spürte dort Freiheit und ewige Zuflucht. Auferlegt in der täglichen Wirklichkeit war ihm jedoch die „Einmischung in die Händel der Welt und Herausgabe politischer Blätter ... Das Meer rollte mit furchtbarem Donner bis vor meine Füße. Aber was können die Elemente – und wenn sie noch so laut sind – dem Menschen anderes sagen, als daß er einmal selbst

Element sein wird, bis dahin aber nur Rat finden kann bei sich selbst." Heine schlug die Wellen mit dem Spazierstöckchen, warf ihnen Kieselsteine weit entgegen und sprach weiter: „Diese Zeit ist keine Zeit für Idylliker" (Ludwig Marcuse: Heinrich Heine, 1960).
Nicht als Idyll, sondern als elementare Erscheinungen lernte Heine die Nordseeinseln Norderney und Helgoland kennen. Auf Norderney notierte der Dichter 1825: „Gar besonders wunderbar wird mir zumute, wenn ich allein in der Dämmerung am Strande wandle, – hinter mir flache Dünen, vor mir das wogende, unermeßliche Meer, über mir der Himmel wie eine riesige Kristallkuppel – ich erscheine mir dann selbst sehr ameisenklein, und dennoch dehnt sich meine Seele so weltenweit. Die hohe Einfachheit der Natur, wie sie mich hier umgibt, zähmt und erhebt mich zu gleicher Zeit, und zwar in stärkerem Grade als jemals eine andere erhabene Umgebung."
Auf dem Buntsandsteinfelsen Helgoland saß Heinrich Heine im Sommer 1830 und schaute auf die Nordsee: „Die Wellen kommen eine nach der anderen herangeschwommen, und eine nach der anderen zerbrechen sie und zerstieben sie auf dem Strande, aber das Meer selber schreitet vorwärts. Ach! Wenn man dieser Naturerscheinung länger zuschaut, so bemerkt man, daß das vorwärtsgeschrittene Meer, nach einem gewissen Zeitlauf, sich wieder in sein voriges Bett zurückzieht, später aufs neue daraus hervortritt, mit derselben Heftigkeit das verlassene Terrain wiederzugewinnen sucht, endlich kleinmütig wie vorher die Flucht ergreift und, dieses Spiel beständig wiederholend, dennoch niemals weiterkommt ... Auch die Menschheit bewegt sich nach den Gesetzen von Ebbe und Flut, und vielleicht auch auf die Gei-

Heinrich Heine (1797–1856) zeigte sich bei seinen Besuchen der Inseln Helgoland und Norderney stark beeindruckt von der Dynamik der Nordsee und beschrieb in poetischen Worten den Wechsel von Ebbe und Flut.

sterwelt übt der Mond seine siderischen Einflüsse."

Auf Norderney hielt Heine die Sagenwelt der Nordseeküste fest: „Es geht ein starker Nordostwind, und die Hexen haben wieder viel Unheil im Sinne. Man hegt hier nämlich wunderliche Sagen von Hexen, die den Sturm zu beschwören wissen; wie es denn überhaupt auf allen nordischen Meeren viel Aberglauben gibt. Die Seeleute behaupten, manche Insel stehe unter der geheimen Herrschaft ganz besonderer Hexen, und dem bösen Willen derselben sei es zuzuschreiben, wenn den vorbeifahrenden Schiffen allerlei Widerwärtigkeiten begegnen." Ein Schiffskapitän erzählte dem Dichter, „vor fünfzig oder gar hundert Jahren sei auf dem Meere der Glaube an den Klabautermann so stark gewesen, daß man bei Tische immer auch ein Gedeck für denselben aufgelegt und von jeder Speise, etwa das Beste, auf seinen Teller gelegt habe, ja, auf einigen Schiffen geschähe das noch jetzt".

Zu den am meisten verbreiteten Nordseesagen gehört die Erzählung vom Gottesdienst der Toten, vor allem der Seeleute, die im Watt oder Meer ertrunken sind. Sie finden in ihren Gräbern keine Ruhe und versammeln sich zur Nachtzeit in einem Gotteshaus. Der Ort der Handlung ist im Roman „Der Untergang der Anna Hollmann" (1911) von Gustav Frenssen die St.-Severin-Kirche in Keitum auf Sylt: „Sie sitzen hier in ihrer alten Kirche, zuweilen wenige, zuweilen dicht gedrängt, so wie die Sehnsucht sie hertreibt, aus ihren Gräbern oder aus dem Meere oder aus der Luft oder von den Sternen, oder woher sie kommen. Sie sitzen auf den Bänken und lehnen an den Stuhlwangen, sie sitzen auf der Galerie und auf den Brüstungen der Fenster, und sie sehen mit schönen stillen

Gedanken nach dem Altar." Nicht in der Sorge um das Heil ihrer Seele versammeln sie sich dort – wie in den „Sagen, Märchen und Liedern der Herzogtümer Schleswig-Holstein und Lauenburg" (1845) des Kieler Germanisten Karl Müllenhoff –, sondern weil die Liebe zur Heimat sie herzieht, weil sie sich erst in dieser ehrwürdigen, festen Kirche, die Sturm und Wetter trotzt, geborgen fühlen.

Helgoland in Roman- und Reiseliteratur

Zur Zeit des Aufenthalts von Heinrich Heine auf Helgoland entstand bereits eine umfangreiche Literatur über die Insel. Schon damals spielte Helgoland, das von 1807 bis 1890 zu England gehörte, im Bewußtsein der deutschen Reisenden eine größere Rolle als alle anderen Inseln der Nordsee, Norderney und Sylt nicht ausgenommen. Der Ruhm des hochaufragenden Buntsandsteinfelsens ist nicht zuletzt durch Schriftsteller verbreitet worden. Schon 1072 meinte der Chronist Adam von Bremen über die Insel: „Keine aber ist so merkwürdig." Eine „Apotheke des Wassers" nannte sie 1838 der jungdeutsche Literat Ludolf Wienbarg. Seinen Jugendfreund Friedrich Hebbel veranlaßte er, Helgoland 1853 zu besuchen. Der Dichter aus Wesselburen faßte seinen Eindruck so zusammen: „Dieser Fels hat eine wirkliche Urphysiognomie." 1850 notierte der sächsische Schriftsteller Ernst Willkomm über die Insel: „Hier auf dieser Klippe im unermeßlichen Weltmeere, abgeschieden vom kleinlichen Treiben des gemeinen Lebens, fern von beengender Etikette, nicht gestört durch Einflüsse des Gesellschaftslebens, frei, unabhängig, Tag für Tag dem vollen Genusse der frischesten Natur dahingegeben, müssen Geist und Körper neu erstarken." Weite Verbreitung fand die Reiseschilderung „Von Hamburg nach Helgoland“ (1856) von Karl Reinhardt, die häufig nachgedruckt wurde. Mit seinem auch ins Englische übersetzten Buch „Die Vogelwarte Helgoland“ (1891) wurde Heinrich Gätke sehr bekannt. Darin stellt der forschende und sammelnde Ornithologe die Ergebnisse seiner jahrzehntelangen Beobachtungen der Vogelwelt auf Helgoland dar. Warum Gätke, der 1837 als Maler aus Berlin gekommen war, auf Helgoland blieb, hat Theodor Fontane 1898 überliefert: „Gätkes Sinn wandte sich einer jungen Helgoländerin zu, was er persönlich nicht sonderlich ernsthaft, die Helgoländer dagegen desto ernsthafter nahmen. Er sah sich denn auch, als er die Insel verlassen wollte, zurückgehalten, und kurze Zeit darauf wurde die junge Helgoländerin seine Frau.“ Meta Schoepp wählte die Romanform, um das Alltagsleben der Inselbewohner zu schildern. Ihr 1919 erschienenes Buch „Schiff auf Strand“ entwickelte sich zu einem Bestseller der Unterhaltungsliteratur. Mehrere erfolgreiche Kinderbücher, die das Helgoländer Leben zum Thema haben, veröffentlichte James Krüss, der wohl prominenteste Sohn der Insel. Seine Bücher „Der Leuchtturm auf den Hummerklippen“ (1956) und „Mein Urgroßvater und ich“ (1959) machten James Krüss zu einem berühmten Schriftsteller und Helgoland zu einem bekannten Ort in der Welt der Literatur. Wie umfangreich die Literatur über die Insel ist, zeigt die 1987 erschienene „Helgoland-Bibliographie“. Dieser Führer durch das monographische Schrifttum über den Felsen in der Deutschen Bucht nennt 660 Titel.

Literaturlandschaft Nordseeküste

Jedoch wurde nicht nur Helgoland, sondern die gesamte Nordseeküste zur Literaturlandschaft. Die elementare Natur und menschliche Einzelschicksale stehen dabei im Vordergrund. Nachdem 1825 die gewaltige Sturmflut auch die Halligen angegriffen und auf Nordstrandischmoor die neun Häuser und rund 50 Einwohner bedrängt hatte, schrieb 1836 Johann Christoph Biernatzki, der als Pastor auf Nordstrandischmoor die Naturkatastrophe miterlebt hatte, die Erzählung „Die Hallig oder die Schiffbrüchigen auf dem Eiland in der Nordsee". Darin wird erstmals über das einsame und gefahrvolle Halligleben berichtet. Später hat sich auch Wilhelm Lobsien mit dem Roman „Der Halligpastor" (1914) des Themas angenommen. 1841 unternahm Theodor Kobbe „Wanderungen an der Nordsee". Außer den Inseln Helgoland, Föhr, Wangerooge und Norderney besuchte er Bremerhaven und Bremen sowie Hamburg, Altona, Cuxhaven und Neuwerk. Auf die Romantik hinweisend, behauptet der Autor, die Nordseeküste habe des „Pittoresken und Romantischen in Hüll' und Fülle". Er beschreibt jedoch auch „die derbe Realität des Hamburger Rindfleisches" sowie den „kräftigen Wellenschlag unserer Nordseebäder und die ganze praktische Materialität unserer Küstenländer". Vergleichbare Schilderungen enthalten die „Küstenfahrten an der Nord- und Ostsee" von Edmund Hoefer und Gustav Schönleber, die um 1890 die Leser erfreuten.
Wer heute die Welt der Halligen im Wattenmeer vor der schleswig-holsteinischen Nordseeküste besucht und mit dem Schiff zwischen Nordstrand und Pellworm unterwegs ist, wird vielleicht nahe der Hallig Südfall freigespülte Kulturspuren, z. B.

Detlev von Liliencron (1844–1909) gehörte zu den Dichtern, die Nordfriesland berühmt machten, so den Altstrander Ort Rungholt und die Insel Sylt (Ballade „Pidder Lüng“).

Christian Peter Hansen (1803–1879) war der herausragende Sylter Chronist. Niemand vor oder nach ihm trug so viel Kulturgut von der Insel zusammen und überlieferte es der Nachwelt.

Ackerfurchen und Brunnenringe, entdecken. Es sind Reste des alten Rungholt, früher eine blühende Handelsstadt, die zur Insel Nordstrand gehörte und 1362 in einer Orkanflut unterging. In seiner Ballade „Trutz, Blanke Hans“ hat 1882 der Dichter Detlev von Liliencron, einst stellvertretender Hardesvogt auf Pellworm, die Erinnerung an den reichen Hafenort wachgehalten.

In Romanform belebte Kari Köster in „Die letzten Tage von Rungholt“ (1997) die sagenhafte Geschichte des Ortes neu. Wiederum war es Detlev von Liliencron, der der Insel Sylt mit seiner Ballade „Pidder Lüng“ Eingang in die überregionale Literatur verschaffte. Die Ballade über den Sylter Freiheitshelden entstand 1892 während der Amtszeit des Dichters auf Pellworm, angeregt von den „Friesischen Sagen und Erzählungen“ des Sylter Chronisten Christian Peter Hansen. Den friesischen Wahlspruch, der diesem Buch vorangestellt ist, übernahm Liliencron als Kehrreim: „Lewwer duad üs Slaav“ – Lieber tot als Sklave. Tatsächlich ist diese Parole erst 1840, dreieinhalb Jahrhunderte nach den Lebzeiten Pidder Lüngs, formuliert worden. Historisch ist denn auch nichts über ihn belegt. Dagegen hat Pidder Lüngs Feind in Liliencrons Ballade, Henning Pogwisch, gelebt. Er wurde 1470 zum Amtmann von Tondern bestellt. Die von Liliencron besungene Begegnung zwischen dem Fischer Pidder Lüng und dem Amtmann Henning Pogwisch ist daher, wenn sie überhaupt stattgefunden hat, mit Sicherheit nicht tödlich für einen der beiden ausgegangen. Unsicher ist das weitere Schicksal Pidder Lüngs: Vermutlich wandte er sich der Freibeuterei zu. Wie er auch gelebt haben mag, Detlev von Liliencron hat ihn mit seiner Ballade unsterblich gemacht. Neben Liliencron ist als Balladendichter der Hamburger

Otto Ernst mit der dramatischen Geschichte einer Seenotrettung, „Nis Randers“ (um 1888), hervorgetreten. Der in Lübeck gebürtige Dichter Gustav Falke erzählte in seiner Ballade „Thies und Ose“ (1905) die Sylter Sage „Die treue Ose“ nach.

Lektüre (nicht nur) für die Sommerfrische

Die Nachfrage nach Lektüre für die Sommerfrische an der deutschen Nordseeküste stieg mit dem Zustrom der Badegäste im vorigen Jahrhundert. Für die vermehrte Reiselust spielte die Gründerzeit eine wichtige Rolle, jene Zeit der wirtschaftlichen Hochblüte im Kaiserreich nach dem Sieg von 1871, die u. a. den Ausbau von Verkehrsverbindungen förderte. Als ein „Bestseller“ dieser Zeit erwies sich die Novelle „Inge von Rantum“ (1881) von Bernhardine Schulze-Smidt aus Bremen. Die Autorin hatte 1879 an Ort und Stelle nicht nur die Eigenart der Landschaft und ihrer Menschen und das Badeleben, sondern auch die Geschichte Sylts aufmerksam studiert. So erfährt der Leser in der Novelle mancherlei über das Leben in Westerland um 1880 und seinen geschichtlichen Hintergrund. Ähnlich informativ ist der Roman „Onnen Visser. Der Schmugglersohn von Norderney“ (1885) von Sophie Wörishöffer, einer der beliebtesten und erfolgreichsten Schriftstellerinnen der Wilhelminischen Ära. Sie stammte aus Pinneberg und verließ nie ihre norddeutsche Heimat. Dennoch ließ sie die Helden ihrer zahlreichen Bücher fast alle Länder der Welt bereisen – darin Karl May nicht unähnlich. In „Onnen Visser“ zeichnet Sophie Wörishöffer das Leben auf Norderney, an der ganzen ostfriesischen Küste und in Hamburg zu Beginn des 19. Jahrhunderts nach. Vom Leben auf Borkum vermittelt der

Roman „Borkumer Kinder" (1919) von Albrecht Janssen einen lebendigen Eindruck. Das Motiv der verlassenen Inselbraut hat Hermann Tholens, Pastor in Leer, in seinem Roman „Lotte Wilkens. Die Lehrerstochter von Borkum" (1904) literarisch verarbeitet. Zum ersten Mal taucht es bei dem Sylter Chronisten Christian Peter Hansen in seinem Werk „Das Schleswig'sche Wattenmeer und die friesischen Inseln" (1865) auf. Dasselbe Thema griff Emilie Tegtmeyer in ihrer Erzählung „Der Schiffer von Sylt" (1880) auf, ebenso Margarete Boie, die „Dichterin der Nordsee", in ihrem Roman „Moiken Peter Ohm: Schicksalsjahre einer Sylterin" (1926).

Eines der bekanntesten Werke von Margarete Boie ist der „Dammbau", der Bau des Hindenburgdamms vom Festland zur Insel Sylt, dessen Begleitumstände sie einfühlsam beschrieb.

Margarete Boie, deren erstes Buch 1906 über „Juist" erschien, zeichnete in mehreren historischen Romanen ein einfühlsames Bild von den Eigenarten der Inselbewohner auf Sylt – ihrem Alltag und den Festtagen mit Sitten und Bräuchen sowie den Eigentümlichkeiten der Sylter Inselnatur. Als ihr wichtigstes Werk gilt der „Dammbau. Sylter Roman aus der Gegenwart" (1930). Dieser Schlüsselroman schildert den zeitgeschichtlichen Konflikt der Jahre von 1923 bis 1927, als der Hindenburgdamm gebaut wurde. Es geht um zwei unterschiedliche Haltungen, die damals auf Sylt hervortraten, um den Gegensatz von Fortschritt und Tradition, den Ansturm des Neuen gegen das überlieferte Friesentum. Vor allem die Morsumer Bauern wehrten sich gegen den Einbruch der neuzeitlichen Festlandswelt. Der Pastor von Morsum, der zu vermitteln versuchte, wurde schließlich von verdrossenen Gemeindemitgliedern vergrault. Die Problematik des Romans ist noch heute aktuell: der Ansturm der Fremden auf die Insel gegen die traditionelle Überlieferung des Friesentums. Der Konflikt ist noch nicht aus der Welt.

Zu den Verfassern literarisch hochwertiger Werke über Sylt gehören Ernst Willkomm, Julius Rodenberg, Wilhelm Raabe und Theodor Storm. Ernst Willkomm bereiste von 1838 und 1849 die Nordfriesischen Inseln und fand hier genügend Stoffe für seine See-, Spuk- und Abenteuergeschichten. Auf Sylt kam der Autor ins Gespräch mit Christian Peter Hansen, der selbst auf der Suche nach Sagen und Geschichten war. Bevor Hansen die von ihm gesammelten Abenteuer des Wattenschiffers Brork in seinen Büchern wiedergab, erzählte er sie seinem Besucher Ernst Willkomm. Unter der Überschrift „Der Schlickläufer" griff der aus Sachsen stammende Erzähler Willkomm die Berichte seines Sylter Kollegen auf und sammelte sie in dem Band „Im Wald und Gestade" (1854). Ehrlicherweise vermerkte er dazu: „... nach den mündlichen Mitteilungen des Cantor C. P. Hansen in Keitum auf Sylt".

Über sein Sylt-Erlebnis schrieb der Berliner Feuilletonist und Zeitschriftenherausgeber Julius Rodenberg in seinem Tagebuch „Stilleben auf Sylt" (1861). Er zeichnete ein farbiges Bild vom Leben und Treiben der Besucher in den Anfangsjahren des Seebades Westerland. Man liest darin heute wie in einem Märchenbuch und lächelt über die Prophezeihung: „Ein Modebad ist Westerland nicht und wird es auch schwerlich werden." Sein Sylter Reiseerlebnis schilderte Rodenberg mit Geist und Gemüt. Als aufmerksamer Beobachter und glänzender Stilist verstand er es, die charakteristischen Merkmale der in jenen Jahren noch wenig bekannten Insel festzuhalten. Mit leichter Feder skizzierte er die Eigentümlichkeiten der Inselnatur, wobei er seine Wahrnehmungen mit Darstellungen aus Sage und Geschichte vermischte.

Mehr der Phantasie und dichterischen Erfindungsgabe entsprungen ist die Sylter Erzählung „Deutscher Mondschein“ (1873) von Wilhelm Raabe. Der Dichter kam auf ärztlichen Rat nach Sylt und notierte darüber: „Im Jahre 1867 war ich im Listlande ... Behaglicher war's damals wahrscheinlich auf Sylt als jetzt in der Saison. Pastöre und Offiziere aus dem böhmischen Feldzug stellten das Hauptkontingent zu der kleinen Badegesellschaft, und Gedränge herrschte weder am Strande noch in dem einzigen Hotel in Westerland. Wir wohnten in Tinnum und kamen aus Stuttgart, dadurch waren wir für die Inselbewohner weitgereiste, kuriose Wundertiere.“ Die Eigenarten der Insel Sylt und das Lokalkolorit sind in Raabes Erzählung zutreffend und eindringlich dargestellt. Aber weitaus größere Bedeutung hat die Konfliktsituation des Helden, eines mondsüchtigen Juristen, der dem Einfluß des Mondes zu entfliehen versucht. Die Mondflucht dieses Badegastes kennzeichnet die Spannung zwischen bürgerlichem Alltag und Philistertum einerseits und Künstlertum andererseits. Sie ist Ausdruck einer Lebenskrise, in der sich der Dichter selbst befand, als er die Erzählung niederschrieb.

Theodor Storm und der „Schimmelreiter“

Die nordfriesische Landschaft und die Menschen der Westküste Schleswig-Holsteins hat Theodor Storm in seiner Altersnovelle „Der Schimmelreiter“ (1888) eindrucksvoll geschildert. Nach der Hauptfigur dieser Erzählung, dem friesischen Deichgrafen Hauke Haien, wurde 1961 ein neuer Koog benannt. Hauke Haien ist keine historische Gestalt, Storm hat sie frei erfunden. Er bediente sich einer Reihe von Vorbildern. In der nordfriesischen Sage ist die Gestalt eines Deichgrafen auf einem Schimmel, der nach einem Unglück als Spuk wiederkehrt und neues Unheil ankündigt – dies ist der Kern der Stormschen Novelle – nicht bekannt. Das historische Vorbild für den Schimmelreiter stammt also nicht von der friesischen Nordseeküste, sondern aus Westpreußen von den Ufern der Weichsel. Storm entdeckte die Geschichte „Der gespenstige Reiter“ in einer Zeitschrift, die er als junger Mann gelesen hatte. Auch in dieser Geschichte begegnet einem Reisenden, der einen Deich entlangreitet, ein unheimlicher Reiter – unter genau denselben Umständen, wie sie fast wörtlich im „Schimmelreiter“ beschrieben werden.

Die Handlung der Novelle spielt im 18. Jahrhundert. Storm läßt es nicht an Hinweisen auf die Zeitumstände fehlen: das Dorf und die Häuser mit ihrem Interieur, die Sprache der Bevölkerung, das vordringende Plattdeutsch neben dem einheimischen Friesischen, die wirtschaftlichen und sozialen Verhältnisse, die drückende finanzielle Belastung durch Deichbau und -erhaltung, die Szenen aus dem Volksleben. Das Bild einer Marschgemeinde hinter dem Nordseedeich wird lebendig und zugleich authentisch wiedergegeben. Dabei spielt ein bestimmtes technisches Detail eine große Rolle: Hauke Haiens neues Deichprofil, durch das er dem Deich zur Nordsee hin eine flachere Böschung gibt, die dem Aufprall der Wellen besser widerstehen kann. „Der Schimmelreiter“ erschien zuerst 1888 in der von Julius Rodenberg herausgegebenen Zeitschrift „Deutsche Rundschau“. Erst 1920 ist sie als Lesestoff nahezu obligatorischer Bestandteil des Deutschunterrichts in den Schulen geworden. Zu den weiteren Werken von Theodor Storm, die die Nordseeküste

Theodor Storm (1817–1888), der große Sohn Husums, Verfasser des „Schimmelreiter“, gehört auch heute noch zu den vielgelesenen deutschen Schriftstellern des neunzehnten Jahrhunderts. Auffällig viele japanische Storm-Verehrer pilgern alljährlich in die graue Stadt am Meer.

charakterisieren, gehört seine „Sylter Novelle“. Seine letzte Badereise führte im August 1887 nach Sylt, wo er zu einer neuen Erzählung angeregt wurde, die in den Dünen zwischen Westerland und Wennigstedt spielt. Sie blieb jedoch ein Entwurf und wurde nicht vollendet.

Trotz aller Badefreuden an der Küste, vor allem auf den vorgelagerten Inseln, bleibt die Nordsee ein wildes und gefährliches Meer. Immer wieder legen Sturmfluten, Schiffs- und Badeunfälle davon Zeugnis ab. „Am Rande der See schien manches voll Liebreiz, doch nie war das Schreckliche fern“, mahnt Hans Leip in seinem Erzählband „Am Rande der See. Geschichten von der Wasserkant“ (1967). Ähnliche Beispiele geben der aus Emden gebürtige Berend de Vries („Nebel über dem Wattenmeer und andere Seegeschichten“, 1955), Jan Herchenröder („Ein Mädchen läuft aus dem Ruder. Geschichten von der See“, 1977) und Wilhelm Lobsien („Letzte Fahrt und andere Novellen“, ca. 1930). Der 1947 auf der Hallig Oland beigesetzte Dichter Wilhelm Lobsien berichtet in seiner Erzählung „Der stille Gast“ (1942) von einem Fahrensmann, auf dessen Schiff der Tod als fremder Gast mitfuhr: immer gegenwärtig, stets unberechenbar und unabwendbar.

Manche regional an die Nordseeküste gebundene Landschafts- und Menschenbeschreibung findet auch andernorts Interesse. Dies ist vor allem eine Frage der literarischen Qualität. Wenn durch sprachliche Kunst und die Wahl von Themen und Motiven Beachtung und Anerkennung erzielt werden, erhebt sich die Heimatliteratur über die Region hinaus.

Fliesentableau mit Schmackschiff. Die Fliesen hatten einen sehr praktischen Nutzen, da sie die Feuchtigkeit von außen nicht eindringen ließen.

Sprache(n) an der deutschen Nordseeküste

Thomas Steensen

In großen Bereichen der deutschen Nordseeküste war noch im ausgehenden Mittelalter Friesisch die Sprache der hier lebenden Menschen. Nur im sächsisch besiedelten und daher niederdeutschsprechenden Dithmarschen sowie im Gebiet der Elbmündung wurde damals der friesischsprachige Streifen an der Nordseeküste unterbrochen. Schon bald aber setzte ein allgemeiner Wechsel zum Niederdeutschen ein, der letztlich zur heutigen Situation führte. An der gesamten deutschen Nordseeküste ist jetzt Niederdeutsch als Volkssprache verbreitet, und als Hochsprache herrscht überall das Hochdeutsche; Friesisch lebt nur in einzelnen Restgebieten fort. Wie kam es dazu?

Friesisch gehört zum Nordseegermanischen, das sich in den ersten Jahrhunderten nach Christi Geburt allmählich herausbildete. Am engsten verwandt war die Sprache der Friesen mit dem Altenglischen. Noch heute läßt sich dies an zahlreichen Wörtern ablesen. Im Friesischen der Insel Sylt zum Beispiel heißt hören *hiir,* lassen *let* und Mittwoch *winjsdai.*

Die Friesen, deren Siedlungsgebiet sich damals noch bis ins Rheindelta und darüber hinaus erstreckte, bildeten im Laufe des frühen Mittelalters das führende Händlervolk im Raum der Nordsee, die zeitweise *Mare Frisicum* (Friesisches Meer) genannt wurde. Ihre Sprache entfaltete damals „innovative“ Kraft, und das Sprachgebiet weitete sich nach Osten bis über die Weser aus, in einem schmalen Küstenstreifen sogar fast bis an die Elbmündung. Die Einverleibung der friesischen Lande in das Frankenreich, die im 8. Jahrhundert abgeschlossen war, änderte daran zunächst nichts. Die Friesen pochten auf die „friesische Freiheit“, behielten ihr eigenes Recht und in Teilen politische Selbstverwaltung.

Im Mittelalter fungierte das „Altfriesische“ auch als offizielle Schriftsprache. Umfangreiche Rechtstexte sind aus der Zeit zwischen dem 13. und 16. Jahrhundert überliefert. Seitenlang werden darin zum Beispiel alle nur denkbaren Verletzungen mit den zugehörigen Strafen aufgeführt. „Schöne“ Literatur dagegen scheint auf friesisch kaum geschrieben worden zu sein.

Ostfriesland

Friesisch diente auch als Urkundensprache, allerdings nur im Westen der heutigen deutsch-niederländischen Grenze. In Ostfriesland hingegen, dem Gebiet zwischen Dollart und Jadebusen, wurde das Lateinische als amtliche Sprache nicht vom Friesischen abgelöst, sondern vom Niederdeutschen. Keine einzige friesische Urkunde wurde in Ostfriesland ausgefertigt. So war hier der Aufstieg des Niederdeutschen zur Amtssprache vorgezeichnet. Ein Grund, daß sich das Friesische als Amtssprache nicht durchsetzte, mag darin liegen, daß es einen alle Friesen umfassenden Staat vermutlich nie gegeben hat, und wenn, dann endete er mit der Eroberung durch die Franken. Für das frühe Mittelalter werden zwar friesische Könige genannt, aber diese regierten wahrscheinlich nur in Teilgebieten. Immerhin umfaßten die friesischen Lande zeitweise eine Ausdehnung von fast 500 Kilometern an der südlichen Nordseeküste und waren noch dazu von tiefen Meereseinschnitten unterbrochen. Sie einem einheitlichen Königtum zu unterwerfen, dürfte schwer möglich gewesen sein. Es mangelte an einer zentralen Instanz, die der friesischen Sprache überregionale offizielle Funktionen hätte verschaffen und die das allmähliche sprachliche Auseinanderdriften hätte verhindern können.

Seine Ausstrahlungskraft büßte das Friesische im Laufe des Mittelalters ein. Als führende Handelsmacht wurden die Friesen von der Hanse mit ihrer niederdeutschen Geschäftssprache abgelöst. Von den entstehenden Städten drang die Hansesprache auf das Land vor. Das zeigte sich in besonderer Weise in den „Ommelanden“ (Umland) der Hansestadt Groningen. Sie waren schon im 15. Jahrhundert fast ganz „entfriest“.

Graf Edzard der Große von Ostfriesland aus dem Geschlecht der Cirksena, das für einen Erhalt des Friesischen im Mittelalter sorgte. Gemälde von Johannes a Lasco. Bibliothek der Großen Kirche, Emden

Im ostfriesischen Gebiet zwischen Dollart und Jadebusen hielt sich die friesische Sprache länger. Hier gelang es dem einheimischen Häuptlingsgeschlecht der Cirksena, sich eine landesherrliche Stellung zu verschaffen. Die amtliche Sprache der 1464 gebildeten Reichsgrafschaft Ostfriesland war aber von Anfang an nicht Friesisch, sondern Niederdeutsch, das bereits über ein viel höheres Prestige verfügte. Auf Kosten des Friesischen gewann es immer mehr Land. Schon 1543 beklagte ein Chronist – auf niederdeutsch! – den fortgeschrittenen Sprachwechsel zum Niederdeutschen: „Uns Fresen wart naegesecht, dat wy de Apen (Affen) gelyken, wat de sehen, dat wyllen se vort naedoen (nachmachen), wy Fresen mogen uns des wol schemen, dat wy nicht by unse Spracke und Cledunge bliven, gelick alle andere Nationen.“
Im Jahre 1786 hieß es dann in der Vorrede zu einem altfriesischen Wörterbuch, die „vor wenigen Jahrhunderten noch blühende friesische Sprache“ sei in Ostfriesland „nunmehr völlig ausgestorben“.

Ganz zutreffend war dieser Befund allerdings nicht. Denn noch zu Anfang des 20. Jahrhunderts wurde der Wangerooger Dialekt des Ostfriesischen gesprochen, und zwar von etwa 50 Menschen auf der Insel selbst und auch auf dem Festland, vor allem in der nach einer verheerenden

Sturmflut gegründeten Kolonie Neu-Wangerooge. Und noch heute lebt die ostfriesische Sprache – allerdings nicht mehr in Ostfriesland, sondern im oldenburgischen Landkreis Cloppenburg. Hier sprechen in den drei Dörfern des Saterlandes (Strücklingen, Scharrel, Ramsloh) knapp 2000 von insgesamt 11 000 Einwohnern Ostfriesisch. Das von weiten Moorflächen umgebene Gebiet wurde spätestens im 11. Jahrhundert von Ostfriesen besiedelt und war als Insel im Moor bis ins 20. Jahrhundert hinein fast vollständig von der Außenwelt abgeschirmt. Seit kurzem wird das Saterfriesische, das *Seeltersk,* auch im Schulunterricht berücksichtigt, es gibt Wörterbücher, Sprachlehren und einige Druckschriften. Ein friesisches Volksbewußtsein existiert im Saterland allerdings kaum. Wenn dort von *do Fräizen* die Rede ist, dann sind paradoxerweise die nicht mehr friesischsprechenden Ostfriesen gemeint. Diese wiederum fühlen sich sehr wohl als Friesen. Manche sollen sogar – kein Witz! – der festen Meinung sein, sie sprächen Friesisch. Das in Ostfriesland verbreitete Plattdeutsch wird auch heute noch von der friesischen Vergangenheit geprägt, es ist auf friesischem Substrat entstanden. Immerhin fast zwei Drittel der Bevölkerung „proten" Platt. Natürlich sprechen heute alle auch Hochdeutsch, das sich in Ostfriesland zu Beginn des 17. Jahrhunderts als Amtssprache durchgesetzt hat.

Der Übergang Ostfrieslands zur niederdeutschen Volkssprache war nicht zwangsläufig, wie ein Blick über die niederländische Grenze verdeutlicht. Dort hat sich das Friesische in der Provinz Friesland als wichtigste Sprache neben dem Niederländischen gehalten. Es wird von etwa 400 000 Menschen gesprochen, verfügt über eine

Marron C. Fort, geboren in Boston (Massachusetts), hat afrikanische, französische und indianische Vorfahren. Er ist führender Experte für das ostfriesische Niederdeutsch und für das Saterfriesische. Auch andere nichtfriesische Sprachwissenschaftler befassen sich mit dem farbigen Mosaik der Sprachen an der Küste, darunter Schweden, Briten und Japaner.

vergleichsweise starke Stellung in den Schulen wie den Medien und gilt als zweite Amtssprache. Schon im Spätmittelalter hatte das Friesische als Urkundensprache in diesem Gebiet eine größere Bedeutung gehabt. Im Unterschied zu Ostfriesland gab es auch kein einheimisches Herrscherhaus, das die niederdeutsche Sprache gefördert hätte. Stilbildend und sprachfördernd wirkte in der frühen Neuzeit der Dichter Gysbert Japicx (1603–1666). Er gilt zugleich als Begründer der friesischen Literatur und als größter Dichter in friesischer Sprache, die er auf höchstes Niveau führte. Fand er zunächst auch keine Nachfolger, so konnte auf seinen Werken später die aus der Romantik hervorgegangene „friesische Bewegung" aufbauen, die sich im 19. und 20. Jahrhundert um die Förderung des Friesischen bemühte – mit beachtlichem Erfolg.

Gysbert Japicx (1603–1666) war der bedeutendste westfriesische Dichter und gilt als der Begründer der friesischen Literatur in den Niederlanden. Der nach ihm benannte Literaturpreis wird alle drei Jahre verliehen. Gemälde von 1637 im Frysk Museum, Ljouwert

Wandern wir von Ostfriesland aus entlang der deutschen Nordseeküste weiter nach Osten und nach Norden. Das Land Wursten zwischen Bremerhaven und Cuxhaven war ebenfalls, vermutlich im 12. Jahrhundert, von Friesen besiedelt worden. Die Sprache hielt sich bis ins 18. Jahrhundert und wurde auch dort von der plattdeutschen Volkssprache abgelöst.

Nördlich der Elbe, in Dithmarschen, verfügte die niederdeutsche Sprache von Anfang an über eine starke Stellung, denn das Land war schon nach dem Zeugnis der ältesten geschichtlichen Quellen von Sachsen besiedelt. Die stolzen Bauern in der bis 1559 unabhängigen Bauernrepublik sorgten dafür, daß die Sprache mit erheblichem Sozialprestige versehen war. Wie überall im Gebiet des heutigen Bundeslandes Schleswig-Holstein setzte sich aber auch hier im 17. Jahrhundert das Hochdeutsche als Amts- und Kirchensprache durch. Der

Niedergang des Niederdeutschen wurde zu einem großen Teil durch den Verfall der Hanse verursacht. Das „Platt" hatte in den Augen der meisten Gebildeten ausgedient, es sank zu einer Sprache vorwiegend der einfachen Leute herab. Eine Rückbesinnung setzte im 19. Jahrhundert von Dithmarschen aus ein. Klaus Groth (1819–1899) aus Heide begründete insbesondere mit seiner Literatursammlung „Quickborn" die neuniederdeutsche Literatur und wandte sich mit seinen Dichtungen gegen die Mißachtung der Volkssprache.

Der Dithmarscher Dichter Klaus Groth (1819–1899) gilt als wichtiger Erneuerer des Plattdeutschen. Seine Gedichte und Schriften machten deutlich, daß die Sprache des Volkes durchaus literarischen Ansprüchen genügte. Zeichnung von Christian Wilhelm Allers, Kiel 1888

Nordfriesland

Der Sprung von Dithmarschen über die Eider, die einst das Gebiet der deutschen Kaiser von dem der dänischen Könige schied, führt in den Kreis Nordfriesland, das sprachlich wohl interessanteste und mannigfaltigste Gebiet an der deutschen Nordseeküste und vermutlich in ganz Deutschland. Überrascht von der nordfriesischen Vielfalt, notierte ein Reisender in der Mitte des 19. Jahrhunderts: „Ich kenne keine Sprache, die Sprachen der kaukasischen Gebirgsvölker vielleicht ausgenommen, welche so viele ganz verschiedene Dialekte hätte."

In der Gegenwart geht man von neun noch lebenden nordfriesischen Mundarten aus. Sie gliedern sich in die insel- und die festlandsnordfriesische Dialektgruppe. Zwar überwiegen insgesamt die sprachlichen Gemeinsamkeiten, aber zwischen beiden Gruppen bestehen doch bemerkenswerte Unterschiede. Ein krasses Beispiel bilden die verschiedenen Entsprechungen für das Wort Tisch. Er heißt auf *frasch* (Festlandsfriesisch der Bökingharde, der Gegend um Niebüll) *scheew,* auf *söl-ring* (Sylter Friesisch) *Staal,* auf *fering* (Föhrer

Einer derjenigen, die sich im 20. Jahrhundert intensiv um die Pflege und die Dokumentation der friesischen Sprache bemühten, war der Lehrer Nis

Albrecht Johannsen (1888–1967). Das Bild zeigt ihn (3. v. r.) um 1934 im Kreise von Sprachfriesen in der Bökingharde/Nordfriesland.

Friesisch) und *öömrang* (Amrumer Friesisch) *boosel,* auf *halunder* (Helgoländer Friesisch) *taffel.*

Die Unterschiede zwischen Inseln und Festland gehen vor allem auf die verschiedenen Zeitpunkte der Besiedlung zurück. Sylt, Amrum, Föhr, Helgoland (und auch das westliche Eiderstedt) nahmen die Friesen von der südlichen Nordseeküste her bereits um 700 in Besitz. Die weiten Marschgebiete des Festlands dagegen wurden erst im 11. Jahrhundert in großem Stil besiedelt. Inzwischen hatte sich die Sprache bereits weiterentwickelt. Zu einer Vereinheitlichung kam es nicht mehr, denn es fehlte ein politisches, wirtschaftliches und kulturelles Zentrum für ganz Nordfriesland. Die einzelnen Inseln und Harden (Verwaltungs- und Gerichtsbezirke) führten ein Eigenleben, was sich auch auf die Sprache(n) auswirkte.

Jap Peter Hansen (1767–1855), der Vater des Sylter Chronisten C. P. Hansen, ließ 1809 das erste Buch auf nordfriesisch drucken, seine Komödie „Der Geizhals von der Insel Sylt“. Er war zuerst Seefahrer und dann Lehrer.

Nordfriesisch scheint im ganzen Mittelalter und in der frühen Neuzeit so gut wie gar nicht als Schriftsprache benutzt worden zu sein. Ihre hergebrachten Landrechte ließen die Nordfriesen im 15. Jahrhundert auf niederdeutsch aufzeichnen. Nur sehr wenige ältere friesische Zeugnisse sind überliefert. Erst vom 19. Jahrhundert an wurde die Sprache häufiger geschrieben. Im Jahre 1809 erschien in Flensburg das erste Buch auf nordfriesisch, die Komödie „Der Geitzhals auf der Insel Silt“ von Jap Peter Hansen.

Zu diesem Zeitpunkt hatte das Friesische schon viel Terrain an das Niederdeutsche verloren. Als erste waren, vom 16. Jahrhundert an, die wohlhabenden Eiderstedter Bauern zu der höher angesehenen Sprache gewechselt, die auch über eine viel größere Reichweite verfügte. In der Folge der Flutkatastrophe von 1634 ging die – von Nieder-

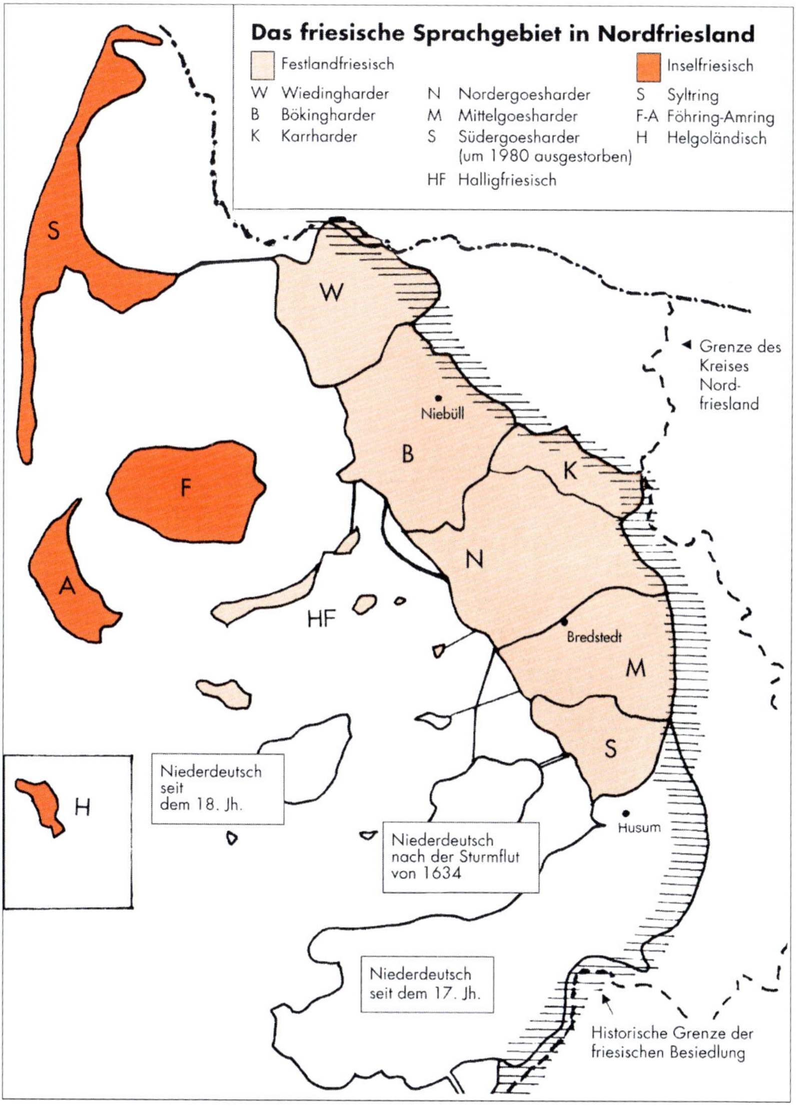

Das friesische Sprachgebiet in Nordfriesland
Festlandfriesisch
Inselfriesisch
W Wiedingharder
B Bökingharder
K Karrharder
N Nordergoesharder
M Mittelgoesharder
S Südergoesharder (um 1980 ausgestorben)
HF Halligfriesisch
S Syltring
F-A Föhring-Amring
H Helgoländisch
S
W
F
A
B
Niebüll
K
N
HF
Bredstedt
M
S
H
Husum
Grenze des Kreises Nord-friesland
Niederdeutsch seit dem 18. Jh.
Niederdeutsch nach der Sturmflut von 1634
Niederdeutsch seit dem 17. Jh.
Historische Grenze der friesischen Besiedlung

ländern wiederbedeichte – Insel Nordstrand dem Friesischen verloren, später folgte Pellworm. Auf dem Festland blieb die niederdeutsch-friesische Sprachgrenze zunächst lange nördlich von Husum. Seit dem ausgehenden 19. Jahrhundert drang aber auch hier das Niederdeutsche vor, und später gingen viele Menschen unmittelbar zum Hochdeutschen über.

Die Gründe für den Sprachwandel gleichen denen in anderen Gebieten mit kleinen Sprachen. Zu nennen sind etwa die Erschließung durch den Verkehr, das Vordringen der Massenmedien wie Zeitungen und später Radio und Fernsehen, eine zunehmende Mobilität der Menschen, die rasche Veränderung aller Lebensbereiche. Für die traditionelle Landwirtschaft zum Beispiel war Friesisch eine hochspezialisierte Sprache, in bezug auf die Auto- oder gar Computertechnik dagegen ist es nahezu wortlos.

Viele Eltern gaben ihre eigene Sprache nicht an ihre Kinder weiter, weil sie ihnen vermeintliche Nachteile in Schule und Beruf ersparen wollten. Lehrkräfte, Geistliche und andere Respektspersonen vertraten die Ansicht, daß „Bildung" nur über das Hochdeutsche zu erlangen sei. So verringerte sich die Zahl der Friesischsprechenden immer mehr. Mit 10 000 dürfte sie heute eher zu hoch veranschlagt sein.

Die Entdeckung der „Region" und ihrer Bedeutung für die Identität des Menschen sowie neue Erkenntnisse über den Wert der Zwei- und Mehrsprachigkeit führten auch für das Nordfriesische eine kleine Renaissance herbei. Heute gibt es friesischen Schulunterricht, wenn auch mit sehr wenigen Stunden, einige friesische Kindergartengruppen, gelegentliche friesische Beiträge in Zeitungen und im Hörfunk. Friesische Vereine mit

einigen tausend Mitgliedern bemühen sich in ehrenamtlicher Arbeit um die Sprachpflege. Das „Nordfriisk Instituut" in Bredstedt nimmt sich auf wissenschaftlicher Grundlage der Sprache an. An den Universitäten Kiel und Flensburg kann Friesisch studiert werden. Seit dies 1997 von der schleswig-holsteinischen Landesregierung zugelassen wurde, künden auch erste deutsch-friesische Ortstafeln an den Straßen von der Existenz des Friesischen. Wenn aber die nordfriesische Sprache wirklich eine Zukunft haben soll, dann bleibt noch viel zu tun. Im Vergleich mit vielen anderen Minderheitensprachen liegt die Förderung des Nordfriesischen, einer der kleinsten Sprachen in ganz Europa, weit zurück.
Neben dem Friesischen gewannen in Nordfriesland im Laufe der Zeit andere Sprachen an Bedeutung. Als überörtliche Verkehrssprache spielte das Niederdeutsche sicherlich bereits im späten Mittelalter eine Rolle. Es war zeitweise auch in Nordfriesland die Amts- und Kirchensprache, bis es in dieser Eigenschaft vom Hochdeutschen abgelöst wurde. Die meisten Nordfriesen beherrschten diese drei Sprachen, so daß die Region schon früh von der Mehrsprachigkeit geprägt wurde. In den ehemals friesischen Gebieten Eiderstedt, Pellworm und Nordstrand, aber auch um Husum und Bredstedt verfügt das Niederdeutsche über eine besonders starke Stellung.
Zahlreiche Entlehnungen aus dem Dänischen sprechen dafür, daß der Sprachkontakt zwischen Friesisch und Dänisch schon im frühen Mittelalter stark ausgeprägt gewesen sein muß. Im Norden und Osten grenzte das friesische Gebiet an das der Jüten, so daß manche Nordfriesen auch diesen dänischen Dialekt beherrschten, der aber seit dem 19. Jahrhundert rasant an Boden verloren hat.

Zweisprachige Ortseingangs-Schilder dürfen in Nordfriesland seit 1997 aufgestellt werden. Bredstedt/Bräist ist Sitz des „Nordfriisk Instituut".

Erst nach dem Zweiten Weltkrieg gewann das Hochdänische als Sprache der dänischen Minderheit an Bedeutung. Sie wird im Kreis Nordfriesland in 18 dänischen Privatschulen und genauso vielen Kindergärten gepflegt, hinzu kommen dänische Bibliotheken und dänische Kirchengemeinden. Die sprachliche Situation im Norden des Kreises Nordfriesland sucht europaweit ihresgleichen. Hier sind auf engstem Raum fünf Sprachen vertreten: Friesisch, Niederdeutsch, Hochdeutsch, Süderjütisch und Hochdänisch.
Nicht vergessen sei die Bedeutung des Niederländischen an der deutschen Nordseeküste. Viele Inselnordfriesen fuhren von niederländischen Häfen aus auf Walfang und Robbenschlag und eigneten sich holländische Sprachkenntnisse an. Niederländische Deichbauer brachten Spezialausdrücke aus ihrer Heimat mit. Auf der von Niederländern wiederbedeichten Insel Nordstrand spielte Holländisch noch lange eine Rolle, namentlich in der mit Utrecht verbundenen altkatholischen Kirche.
Noch heute wird in der Remonstrantenkirche in Friedrichstadt, dem 1621 gegründeten „Klein-Amsterdam" am Zusammenfluß von Eider und Treene, das Vaterunser auf niederländisch gebetet. Im Südwestteil Ostfrieslands, der sich der calvinistischen reformierten Kirche angeschlossen hatte, wurde das Niederländische seit etwa 1650 für rund zwei Jahrhunderte zur dritten Kultursprache, vor allem in Kirche und Schule, aber auch als Schriftsprache für große Teile des Bürgertums.
Niederdeutsch ist heute *die* Volkssprache an der deutschen Nordseeküste. Aber auch das ist nicht mehr selbstverständlich. Die Sprecherzahl ging in den vergangenen Jahrzehnten stark zurück, und viele Besonderheiten sind der Annäherung an das Hochdeutsche zum Opfer gefallen. Mehrere Insti-

tutionen bemühen sich, dieser Entwicklung gegenzusteuern. Das Institut für niederdeutsche Sprache in Bremen leistet hier wertvolle Arbeit auf wissenschaftlicher Grundlage. In letzter Zeit sind außerdem regionale Zentren für die niederdeutsche Arbeit entstanden. An mehreren Universitäten wird über das Niederdeutsche geforscht und gelehrt. Aber die Wissenschaft allein kann die Sprache nicht retten. In Hunderten von Vereinen treffen sich Menschen zum „Klönschnack" auf platt, üben beispielsweise Theaterstücke ein. An vielen Schulen findet die Sprache mittlerweile mehr Beachtung, seit Jahrzehnten schon üben sich Schülerinnen und Schüler in den plattdeutschen Vorlesewettbewerben. Im Radio sind regelmäßig niederdeutsche Sendungen zu hören, und im Fernsehen findet der „Talk op Platt" ein großes Publikum. Daneben beleben niederdeutsche Zeitschriften und Verlage die Sprache.
Die Sprachlandschaft an der deutschen Nordseeküste war bunt und vielfältig und ist es zum Teil noch. Friesisch ist nicht unbedingt Friesisch. Auch Niederdeutsch ist nicht überall gleich. Eine Episode aus Wyk auf Föhr illustriert diesen Umstand: Ein Feriengast aus dem Süden hat gehört, daß man in Schleswig-Holstein plattdeutsch spreche, und er schnappt einige Brocken auf, darunter das Wort „Porren", mit dem in Nordfriesland auf plattdeutsch Garnelen (Krabben) bezeichnet werden. An einem Kutter im Wyker Hafen will er nun „Porren" kaufen. Der Fischer aber besteht darauf, nur „Kräut" zu haben. Dabei sieht der verdutzte Feriengast kistenweise „Porren" auf dem Kutter. Des Rätsels Lösung: Der Fischer kam aus Dithmarschen. Und hätte der Feriengast einen Fischer aus Ostfriesland getroffen, dann hätte der wohl nur „Granaat" verkaufen wollen.

Wohnkultur, Tradition und Brauch an der Nordseeküste

Uda von der Nahmer

Die Häuser auf den Inseln und an der Küste ducken sich gegen den Wind, der vom Meer kommt, schmiegen sich an Deiche, suchen den Windschatten. Sturm kann hier gnadenlos sein. Er rüttelt an Türen und Fenstern, pfeift den Bewohnern was. Da hat man's schon gern behaglich.

Auf den Inseln, besonders den Nordfriesischen, gibt es schöne Beispiele einer Wohnkultur, die auch heute noch – und zwar nicht nur in Museen – geliebt, gepflegt und von zahlreichen Touristen bewundert wird. Die prächtigen Kapitänshäuser von Borkum bis Sylt erzählen von seefahrenden Generationen. Die Beteiligung am Walfang und an der Handelsseefahrt auf niederländischen, dänischen und hanseatischen Schiffen brachte den Inseln vom 17. bis Anfang des 19. Jahrhunderts beachtlichen Wohlstand.

Doch das Leben und Wohnen der breiteren Bevölkerungsschichten in der „guten alten Zeit" hat wenig mit jener schnuckeligen, reetgedeckten und geranienverzierten Idylle von heute zu tun, sondern war eher klamm, kalt, kinderreich und ärmlich. Und spätestens seit 1850 belegen die hohen Auswanderungszahlen, daß das Land an der Nordsee vielen seiner Bewohner keine lebenswerte Zukunft mehr bot.

Um all dies wissend, wenden wir uns nun einigen besonderen Beispielen – sozusagen den „Rosinen im Kuchen" – zu, die den Kulturraum der deutschen Nordseeküste für viele Besucher noch heute so reizvoll und einzigartig machen.

Hausformen

Seit dem 17. Jahrhundert drang von Westflandern aus eine besondere bäuerliche Hausform bis nach

Friesenhaus mit blühendem Birnbaum. Der Giebel ist ein Architekturelement, das erst im 17. Jahrhundert auftaucht, als die Seefahrer in Holland die Stadthäuser kennenlernen.

Die Bewohner der Moore Ostfrieslands lebten oft in Armut. Ihre armseligen Hütten waren giebellos.

Schleswig-Holstein vor: das Gulfhaus. Unter „Gulf“ versteht man den zwischen den Ständern des Dachgerüstes von der Erde bis zum Dach reichenden Ernteraum. In Ostfriesland hat er sich als langgestreckter Ständerbau mit vorgelagertem Wohnteil bewährt, in Nordfriesland als sogenannter Haubarg (oder Barghus), der dem Titel „herausragend“ im wahrsten Sinne des Wortes alle Ehre macht. Besonders in der Marsch oder im Polder oder Koog, so nennt man die dem Meer abgerungenen Ländereien, in denen man hohe Ernteerträge erzielt, trotzen diese imposanten Bauernhäuser dem Wind und dokumentieren Stolz und Besitz ihrer Bewohner. Sie prägen auch heute noch wesentlich das Bild der Kulturlandschaft an der Nordseeküste und und können in ihrer Bedeutung durchaus in einem Atemzug mit Kirchen und Schlössern genannt werden. Die riesigen „Plaatsen“, wie die Höfe auch genannt werden, bringen es in Ostfriesland zu einer stattlichen Länge von 70 Metern und einer Breite von 25 Metern, ihre reetgedeckten Geschwister in Nordfriesland recken sich dagegen schon mal zu einer beachtlichen Firsthöhe von 18 Metern. Wer einmal unter dem Dach einer frühsommerlich leeren Scheune gestanden hat, wird den Raumeindruck so bald nicht vergessen. Unverwechselbar und einzigartig sind diese Höfe alle, darum wundert es nicht, daß man ihnen auch besondere Namen gegeben hat: Grashaus, Soltenland, Pekelhering, Belvedere, roter Haubarg, Leeshaus, Rosenhof sind nur einige Beispiele.

Diese „Nutzkathedralen einer Hochleistungslandwirtschaft“ sind allerdings durch die Umstrukturierung der Landwirtschaft im höchsten Maße in ihrer Existenz bedroht. Ein großes Bauernhofsterben geht an der Nordseeküste um, und es ist nur

Haubarg auf Eiderstedt. Der Haubarg als wohl größte Bauernhausform der Welt entwickelte sich in Holland. Kernstück ist ein zentraler viereckiger Platz unter dem riesigen Dach, der Gulf, in dem Heu und Getreide gelagert wurden.

Lene Paulsen in der Tür ihres Hauses auf der Ketelswarft auf Langeneß

zu hoffen, daß die verschiedenen Bemühungen, neue Aufgaben für die „zu Stein gewordenen Geschichtsquellen" der Nordseeküstenlandschaft zu finden, von den Bewohnern auch angenommen werden.

Kunstvolle Innenausstattung

Die Bauern haben jedoch auf ihren Höfen nicht nur gewirtschaftet, sondern auch gewohnt, und die „großen", die „dicken Bauern" oder „Polderfürsten" nicht gerade schlecht. Durch Kornhandel mit den Niederlanden und häufige Teilhaberschaft an Reedereien kam ein Kulturaustausch mit dem Nachbarland zustande. Hinzu kam, daß sich Glaubensflüchtlinge, aber auch solche, die aus anderen Gründen ihre Heimat verließen – hauptsächlich Niederländer – seit dem 16. Jahrhundert im deutschen Nordseeküstenraum vermehrt ansiedelten. Das niederländische Know-how in Sachen Entwässerung oder Nutzung der Windkraft war den Küstenbewohnern sehr willkommen. So wundert es nicht, daß auch die Wohnkultur von den Neubürgern entscheidend beeinflußt wurde.
Auch wenn die Wohnhausformen zu verschiedenen Zeiten an der Nordseeküste unterschiedlich waren, einen gewissen „Standard" in bezug auf Wohnräume und Ausstattung gab es doch.
Der Pesel (Nordfriesland) oder Pisell (Ostfriesland), so nannte man die gute Stube, war übrigens den Gästen vorbehalten und wurde – da oft über den Kellervorratsräumen liegend – natürlich nur geheizt, wenn diese erwartet wurden. Hier wurden oft ganze Wände mit holländischen Fliesen und mit kunstvoll eingebauten Schränken und Wandbetten, den Butzen oder Alkoven, ausgestat-

In den großen Bauernhäusern an der Küste brachte man es zu beachtlichem Wohlstand, der sich in der Einrichtung der Wohnstuben und Pesel ausdrückte. Dazu gehören bemalte Decken, raumhoch geflieste Wände sowie die zugleich wertvollen und unverwüstlichen roten Bodenplatten aus Kalk- oder Sandstein. Im Hintergrund die glattflächig abschließende Schrankwand mit Alkoven oder Butze (Einbaubett), Durchgangstür und Einbauvitrine für wertvolle Schaustücke.

tet, je nach Geldbeutel, Geschmack und Ansehen der Auftraggeber. Die Familie versammelte sich dagegen in einem kleineren Wohnraum, auch Döns oder Winterküche genannt, in dem ein ebenfalls mit holländischen Fliesen ausgekleideter Wandkamin für Gemütlichkeit sorgte.

Zu den Fliesen: Was die Seefahrer einst bei ihren holländischen Kapitänen in deren Stuben bewunderten, wurde bald aufs eigene Schiff verfrachtet, zauberte ganz neue Bilderwelten an norddeutsche Wände und prägte den Wohnstil. Die gebrannten blei- oder zinnglasierten Tontafeln, meist in den Farben Blau und Mangan, werden bis heute mit der Wohnkultur an der Nordseeküste in Verbindung gebracht und sind in den Wohnausstattungsgeschäften eine begehrte Ware.

Fast immer wurden die Bereiche um Kamin oder Ofen sowie die Flächen zwischen Türen und Fensterfluchten gefliest. Die Fliesen waren nicht nur schön anzusehen, sondern auch praktisch: wärmespeichernd, dämmend und feuchtigkeitsabweisend. Ein wahrer Glücksfall! Und die Auswahl stellt jedes neuzeitliche Tapetenbuch in den Schatten: vom biblischen Motiv bis zu feinsten Blümchen, von der Nachbildung des eigenen Walfangschiffs bis zum Kanarienvogel oder zum besten Ackergaul, vom Kinderspiel bis zum pinkelnden Engelchen war alles in den niederländischen Produktionsstätten Makkum, Harlingen oder Delft zu bestellen.

Neben den schön gefliesten Wänden fällt noch etwas anderes auf: Aus Gründen der Wärmeersparnis wurden früher die Fronten der Einrichtungsgegenstände zu einer einheitlichen Wand gestaltet, so daß Bettkasten, Truhe, Schrank und Uhrgehäuse nicht mehr als isolierte Objekte im Raum standen, sondern nur noch als Fassaden

sichtbar blieben. Durch dieses „Schrankwandprinzip“ ergab sich einerseits eine klare Gliederung, zum anderen wurde weniger Heizmaterial für die verbliebene beheizbare Fläche benötigt.
Die nicht von Fliesen ausgekleidete Wand war mit einem fortlaufenden Holzpaneel versehen, das vom Fußboden bis zur Decke reichte und entsprechend dem vorhandenen Reichtum oder dem vorherrschenden Stil der Gegend entweder bunt bemalt war oder Schnitzwerk aufwies.
In den in die Wand eingelassenen Butzen des Wohnraums schliefen die Hauseltern. Ein Blick hinein erinnert an die immer wieder gestellte Frage: Waren die Menschen denn damals so klein, daß sie in diesen kurzen Betten schlafen konnten? Die Antwort lautet: Die Menschen waren kleiner als heute, und sie schliefen in einer halbsitzenden Position mit angewinkelten Beinen.
Auch nachdem sich das Mobiliar langsam „von der Wand löste“, wurden die Wohnräume zunächst sparsam mit Einrichtungsgegenständen ausgestattet. Geschnitzte Truhen oder kostbare Schränke können nicht darüber hinwegtäuschen, daß die Wohnform vor allem zweckmäßig und zugleich auch Ausdruck des jeweiligen sozialen Ranges sein sollte. Nichts war dem Zufall überlassen.
Zu den heute noch bewunderten Beispielen einer großbäuerlichen Wohnkultur gehören die herrlich geschnitzten oder bemalten Schränke, Anrichten und Truhen, zumeist aus der Zeit der Renaissance oder des Barock. Sie wurden als Familienerbstücke „beigesteuert“, wie die Inventarlisten vergangener Zeiten belegen. Leider gingen viele von ihnen in den 50er Jahren unseres Jahrhunderts verloren, als man sich auch auf den Bauernhöfen an der modernen, pflegeleichteren städtischen

Wohnkultur orientierte; und wenn sie nicht in den Museen landeten, fand man sie in niederländischen Antiquitätengeschäften wieder.
Ein besonderer zeitgemäßer Einrichtungsgegenstand zierte spätestens seit dem ausgehenden 18. Jahrhundert jede bessere Stube an der Nordseeküste: eine Wanduhr. Ob Stuhluhr, Halbkastenuhr oder Standuhr: mit ihnen wurde ein neues Kapitel Zeitgeschichte aufgeschlagen. Wahre Schmuckstücke sind sie alle. Wunderschön verziert erzählen sie Meer-Geschichten, lassen den Mond wechseln, Schiffe im Ticktack-Rhythmus durch die Wogen schaukeln oder sich von Meerwiefkes (Meerjungfrauen, Meerweiber) einrahmen. Als Friesische Uhren haben sie längst Geschichte gemacht und sind eigentlich ein eigenes Kapitel wert.
Auch die „Buddelei“, wie jenes besondere Wandschränkchen in Ostfriesland genannt wird, ist der Rede wert. Sie bewahrt das „beste“ Teegeschirr, silberne Kostbarkeiten und Erinnerungsstücke, die man gerne zeigt, eben „de heele Budel“ (den ganzen Kram, frei übersetzt). Auch heute noch gehört sie zum Standard aller Freunde überlieferter Wohnkultur im Nordwesten. Weiteres Inventar erinnert daran, daß kalte Betten und kalte Füße eine das Wohlbefinden beeinträchtigende Plage waren. Die Antwort darauf war nicht nur zweckmäßig, sondern auch schön gestaltet. Die Rede ist von Bettpfannen und Fußstövchen. Ist heutzutage eine Bettpfanne aus kunstvoll gearbeitetem Messing zur Wanddekoration aufgestiegen, verwandelte sie früher, bestückt mit Ofenglut, manch klammes Bett in eine warme Höhle.
Ebenso wanderte Glut in die Tasse der Fußstove, die auch – wie alte Bildquellen zeigen – so manche ältere Frau auf ihrem Kirchgang begleitete.

Herzstück des einfachen Wohnzimmers, das im uthländischen Haus stets eine gemeinsame Wand mit der Küche hatte, war der „Bilegger“ aus reich verzierten Gußeisenplatten, der mit Heißluft von der Küche aus betrieben wurde, eine Vorform der Zentralheizung. Die Fliesen dienen hier auch als Brandschutz.

Tradition und Brauch

Welches Bild machen Sie sich von den Menschen an der Küste? Doch wohl nicht dieses: Sie trinken Tee und schmauchen ein Pfeifchen, tragen Holzpantinen und blau-weiß gestreifte Hemden, schlafen in Butzen, sind einsilbig und wetterfest, blond und blauäugig, fangen Fisch oder ernten Kartoffeln. Na ja. Die Erntegeräte der Vergangenheit, ob Fischernetz, Rechen oder Sense, hängen dann doch eher schön verteilt zur Erinnerung in den Gaststuben, gelegentlich mit einem Plastikefeu dekoriert. Die Landwirtschaft und der Fischfang, um nur zwei Beispiele zu nennen, müssen sich heute gegen starke Konkurrenz behaupten. Da bleibt die Idylle auf der Strecke.
Doch alle Klischees enthalten einen wahren Kern. Manche noch heute gepflegten Traditionen sind Bilder der Vergangenheit, die – wenn auch angestaubt – gern gezeigt werden; andere Traditionen sind mit der Zeit gegangen und im mitgewachsenen Kleid geradezu hochaktuell.
Apropos Kleid: Das Schmuckstück unter den wenigen erhaltenen Trachten ist die Festtracht der Frauen der Nordseeinsel Föhr. Sie ist so kleidsam, daß sie auch heute noch von den jungen Frauen zu besonderen Anlässen, wie z. B. zur Konfirmation, getragen wird. Der reiche Silberfiligranschmuck, mit dem die Tracht verziert wird, war und ist wohl immer noch Zeichen von Wohlstand und Stolz seiner jeweiligen Besitzer. Vergleichbare Beispiele, sieht man von ähnlichen Frauentrachten auf Amrum oder einigen Halligen ab, gibt es heute nicht mehr.
Das war nicht immer so. Eine erhalten gebliebene Schrift aus dem 16. Jahrhundert, das Hausbuch des Unico Manninga aus Lütetsburg in Ostfries-

Friesinnen von Föhr in ihrer Tracht vor der Kirche

land, belegt, daß die durch internationalen Handel reich gewordenen Friesen ihre Frauen üppig mit Gold und Edelsteinen schmückten. Die in diesem Buch abgebildeten Trachten, rote Festkleider von unvorstellbarer Pracht, wurden einst als schönste Tracht Deutschlands gepriesen und selbst in einem arabischen Reisebericht beschrieben.

Bewundert wird die Tracht auf Föhr mit Recht noch heute. Ob sie ohne die Wertschätzung des Tourismus noch existieren würde, ist schwer zu beantworten. Der Tourismus hat eben nicht nur zerstörenden, sondern auch konservierenden Charakter …

Fest steht, daß viele Küstenbewohnerinnen auch heute noch gern die alten Schmuckstücke tragen, auch ohne Tracht. Ob silberne Hemdspange, goldene Creolen oder Filigranschmuck in Silber oder Gold: der Handel blüht nach wie vor.

Kommen wir zu einer weiteren genußvollen Tradition. Die Ostfriesen mit ihrem gleichnamigen Tee in Verbindung zu bringen, ist mehr als gerechtfertigt. Und hier oben schmeckt er so gut wie sonst nirgendwo auf der Welt. In zarten Porzellantassen stark und heiß serviert, mit einem Kluntje (so wird der Kandiszucker hier genannt) und einem Wulkje (Wölkchen) Sahne gekrönt, ist er eine nicht zu beschreibende Köstlichkeit. „Dree ist Ostfreesenrecht“ ist ein häufig zitierter Kommentar, der besagt, daß die Ostfriesen mindestens drei Tassen Tee bekommen möchten. Sind sie dann zufrieden, wandert der Teelöffel in die leere Tasse, das heißt, daß nun nicht mehr nachgeschenkt werden soll. Dies sollte man auch als Gast wissen, da die Tasse sonst unaufgefordert endlos nachgefüllt wird. Zur Teezeremonie gehört natürlich auch ein besonderes Geschirr, in Ost-

Carl Ludwig Jessen (1833–1917) malte die Föhringer Tracht, wie sie um die Mitte des 19. Jahrhunderts aussah. Der Brustschmuck aus Silber kommt aus den arabischen Ländern und gehörte zu den Mitbringseln der Seefahrer.

friesland bevorzugt man die „Ostfriesische Rose“ aus dem thüringischen Wallendorf. Damit der Tee gut ziehen kann und warm bleibt, stellt man die Teekanne auf ein Stövchen – ein Muß für jeden ostfriesischen Haushalt –, das aus Messing kunstvoll gearbeitet ist. An der nordfriesischen Nordseeküste dagegen fällt der Tee dünner aus, dafür hat man ja den geelen Köm! Oder den Pharisäer! Letzterer versteckt seine Prozente allerdings im Kaffee und deckt das Ganze noch mit einer schamhaften Sahnehaube zu. „Oh, ihr Pharisäer“, soll ein Pastor gestöhnt haben, als er versehentlich die falsche Kaffeetasse erwischte und seiner Gemeinde auf die hochprozentigen Schliche kam.
Bei der Reise durch das Land an der Nordseeküste fragt sich der Besucher oft, was die auf unterschiedliche Weise gestalteten Ehrenbögen um eine Haustür zu bedeuten haben. Vor allem auf dem Lande werden die Nachbarschaften noch gepflegt, hat man Anteil am Leben der anderen, ist oft auch aufeinander angewiesen. Die alte Tradition, zu besonderen Anlässen wie Einzug, Geburt oder Hochzeit (mit allen dazugehörigen Jubiläen wie hölzerne, silberne, goldene, diamantene Hochzeit) einen selbstgefertigten Ehrenbogen um die Tür anzubringen, erfährt allerdings in der Gegenwart zunehmend gigantische Ausmaße. Nicht nur Nachbarschaften, sondern auch nahe Freunde, Arbeitskollegen und die eigene Verwandtschaft wetteifern im Bogenmachen, so daß die Dekoration immer größer gerät. Wer auch immer den schönsten Bogen gemacht hat – bewirtet werden alle, die sich einfinden, und an vielen Orten wird nach einem Monat der vertrocknete Bogen von den Spendern wieder abgeholt, ein willkommener Anlaß zu einer neuen Feier!
Vermehrt im Herbst und im Winter wird der Be-

sucher des Küstenlandes auf seiner Fahrt über die Landstraßen mit einer beliebten Sportart konfrontiert, die ihm das Autofahren im Schrittempo abverlangt und sonst wohl mit diesem Enthusiasmus nur noch von den Iren betrieben wird. Die Rede ist vom Boßeln. Zwei gegeneinander spielende Parteien (zwischen acht und 30 Personen) werfen die aus Pockholz gedrechselte Boßelkugel – inzwischen tut's auch oft eine gleichschwere Gummikugel – mit kräftigem Anlauf und von anfeuernden Zurufen untermalt, möglichst weit die Straße entlang. Lange Strecken werden auf diese Weise zurückgelegt. Und oft muß die Kugel aus dem Straßengraben gefischt werden; dafür gibt es sogar ein spezielles Gerät. Einige komplizierte Spielregeln, in denen es darum geht, dem Gegner einen „Schöt" abzuringen, und die Kommentare der Mitspieler begleiten dieses winterliche Spiel, das vereinsmäßig ernsthaft, aber auch zur allgemeinen Freude in allen möglichen Gruppierungen, jung und alt, männlich oder weiblich, sehr populär ist. Das Klootschießen dagegen wird nur im Winter auf gefrorenen Feldern ausgeführt.
Wie leergefegt dagegen sind die Straßen im Nordseeküstenland nach einer länger anhaltenden Frostperiode. Warum? Das „Volk" ist auf dem Eis! Die zugefrorenen Eisflächen der Seen und der vielen Kanäle begeistern jung und alt. Längst hat man dem ersehnten Ereignis einen Volksfestcharakter gegeben: Punschbuden und Musik über Lautsprecher unterstreichen das fröhliche Treiben auf den Inseln wie auf dem Festland, und an frostkalten Tagen fühlt man sich an Brueghelsche Bilder erinnert. Sogar die „alten" Schlittschuhformen, die Holzgleiter mit den niedrigen Kufen, sind wieder gefragt und verschaffen einem fast vergessenen Handwerkszweig neue Aufträge.

Feste feiern durch das Jahr

An der Nordseeküste wird feste gefeiert! Von überlieferten Festen zu neu kreierten Festformen, die Vielfalt ist schier unerschöpflich. Eine Entdeckungsreise an die Nordseeküste, auf den Spuren hier gepflegter Bräuche, bleibt etwas ganz Besonderes. Einige regionaltypische Besonderheiten werden nachfolgend im Jahresverlauf vorgestellt.

Beginnen wir mit einem kleinen Genuß zur Einstimmung: Die Neujahrskuchen, in einem speziellen Waffeleisen gebacken, hauchdünn, kroß und mit Anis und Kardamom gewürzt, bleiben eine Köstlichkeit, auch wenn sie nicht mehr nur in hohen Milchkannen aufbewahrt werden.

Das Biikebrennen, ein Freudenfeuer vor der Fastenzeit (21. Februar), findet auf den Inseln Föhr, Sylt und Amrum, auf den Halligen und an der nordfriesischen Westküste statt und gilt hier als *das* Fest schlechthin. In Ostfriesland kennt man diesen Brauch nicht, große Feuer werden erst zum Osterfest entzündet.

Dafür wird es richtig spannend beim Maibaumaufstellen, da nach Sonnenuntergang bis zum Sonnenaufgang des ersten Maitages eine Dorfgemeinschaft, die sich im stolzen Besitz eines Maibaums befindet, der anderen ganz legal den Maibaum stehlen darf! Um ihn zu entführen, muß am Stamm des Maibaums der Besitzerwechsel mit drei Spatenstichen dokumentiert werden. Da gibt es auch schon mal eine Rauferei, denn wer läßt sich schon gern den Maibaum klauen, der dann mit einem Schild behängt, „ich stamme aus ...", neben dem Maibaum der Besitzergemeinde auf die Schmach der Bestohlenen aufmerksam macht. Neu geschmückt kann der Verlorengegangene

zurückgekauft werden, und das gibt guten Grund zum Feiern und zur Versöhnung.
Im Frühsommer steht an der schleswig-holsteinischen Nordseeküste das Ringreiten auf dem Programm. Veranstalter sind Reitervereine.
Beim Vogelschießen, das von den Schulen organisiert und besonders in Dithmarschen gepflegt wird, geht es darum, sich bei verschiedenen Wettkämpfen zu bewähren. Während sich die jüngeren Kinder bei einfacheren Spielen messen, dürfen die älteren Kinder mit einer Armbrust auf einen Holzvogel schießen.
Nach den Erntefesten im Herbst wird von den Kindern ein weiteres Fest erwartet: am 10. November ist Martini. Nicht der Namenstag des gleichnamigen Heiligen, sondern der Geburtstag des großen Protestanten Martin Luther wird hier gefeiert. Ihm zu Ehren machen sich die Kinder, teilweise auch verkleidet, mit Laternen am Abend auf den Weg, um an den Haustüren nach dem Singen von Martiniliedern um eine Belohnung zu bitten. Die „milden Gaben" passen sich inzwischen dem Geschmack der Kinder an. Wenn früher schon mal ein anständiges Stück Mettwurst in den geöffneten Beutel flog, das sich dann mit einem Hauch von Lakritz, braunen Kuchen oder Brausewürfeln verband, stehen die Kinder heute mehr auf Schokoriegel, Kaugummi oder „'ne Mark".
Auch am Nikolaustag, dem „Sünnerklaas" (Sinter Klaas, St. Nikolaus), fallen die Süßigkeiten in Ostfriesland längst nicht mehr durch den Kamin, sondern werden auf der Fensterbank hinterlassen, so denn das Kind am Vorabend des 6. Dezember einen „ordentlich" geputzten Schuh dort hinstellt, gefüllt mit altem Brot oder Grünkohlblättern für das Pferd des Heiligen und Schutzpatrons vor allem der Seefahrer. Das Futter ist dann am Mor-

gen auf wundersame Art verschwunden, und der Reiter auf dem Pferd zeigt sich in Form eines großen Spekulatius, begleitet von anderen Süßigkeiten. Die Bäckereien in Ostfriesland haben noch viele alte Spekulatiusformen, und sie backen nach alten Rezepten. Die süßen Kuchen erfreuen sich großer Beliebtheit, ebenso wie der Stutenkerl, ein mit Rosinen verzierter Weißbrotmann, in den eine kleine Tonpfeife eingebacken ist. Am Abend wird unter den Erwachsenen oft in den Backstuben geknobelt, wobei es Wild, Backwaren und Torten zu gewinnen gibt.
Der gute Kinderfreund Nikolaus gebärdet sich als Klaasohm auf der Insel Borkum dagegen schrekkenerregend. Dieser Brauch wird auch heute noch mit den rauhen Sitten der Walfänger in Verbindung gebracht. Der Klaasohm ist in ein Schaffell gekleidet, sein Helm ist beinahe meterhoch, oben mit zwei Möwenflügeln versehen. Er brüllt ganz fürchterlich, hat eine überdimensionale rote Nase und einen langen weißen Bart. Alle, die sich ihm in den Weg stellen, beziehen Dresche – mit einem Kuhhorn, aus dem er, gemeinsam mit seinen ebenso fürchterlich aussehenden Gesellen, gern und oft trinkt. Und zwar ganz bestimmt keine Buttermilch. Auf die jungen Mädchen hat er es besonders abgesehen, die bleiben am besten gleich zu Hause, was sie natürlich nicht wollen! Die Borkumer und ihre Gäste lieben dieses Fest und finden, daß das Klaasohmfest das schönste Fest des Jahres ist!
„Den een sien Uhl is de anner sien Nachtigall" (frei übersetzt: jedem das Seine …) sagen die Ostfriesen dazu. Eines steht jedoch fest: an der Nordseeküste, ob im Westen oder im Norden, wird feste gefeiert!

Im Winter treffen sich die Einwohner der Nordseeinseln, wie hier in Norddorf auf Amrum, gern in gemütlicher Runde ohne Touristen und lassen sich von den friesischen Wahlsprüchen an den Deckenbalken zum Geschichtenerzählen anregen.

Erhaltene Bräuche in Nordfriesland

Hans Theede

In den abgeschiedenen ländlichen Räumen auf den Inseln und an der Küste haben sich lange besondere Sitten und Gebräuche gehalten, die zum Teil sogar bis in heidnische Zeit zurückreichen. Alle wichtigen Ereignisse im Laufe des Jahres und im Ablauf des Lebens wurden in bestimmter traditioneller Weise geregelt. Dies gab den Bauern, Fischern, Seefahrern und ihren Familien bewährten Halt bei Einteilung und Gestaltung ihrer Arbeit und Freizeit. Einige alte Bräuche sind bis heute lebendig geblieben. Das stolze Tragen der prunkvollen Festtagstracht bei den großen Familienfeierlichkeiten wie Taufe, Konfirmation und Hochzeit mag noch ein wenig an die früher traditionell geregelten Abläufe der wichtigen familiären und öffentlichen Ereignisse erinnern. Besonders bei den großen, im Laufe des Jahres wiederkehrenden Festen werden weiterhin spezielle Bräuche gepflegt. Sie tragen zur Förderung der zwischenmenschlichen Kontakte bei und stärken das nachbarschaftliche und heimatliche Zusammengehörigkeitsgefühl.

Festliche Ereignisse und Wettkämpfe

Ein traditionsreicher Brauch der Nordfriesen, der sich neuerdings auch zur Touristenattraktion in der kalten Jahreszeit entwickelt hat, ist das *Biikebrennen,* das alljährlich am Abend des 21. Februar stattfindet. Schon Wochen vorher werden auf den Inseln und Halligen und an der Festlandküste Strandgut, ausgediente Weihnachtsbäume und anderes Brennmaterial auf erhöhten Plätzen (früher auf Thingplätzen) zu ansehnlichen Haufen aufgeschichtet. Zuweilen werden diese noch mit einer Strohpuppe gekrönt oder mit einer Teertonne, die auf einem langen Holzpfahl den Haufen

Mit dem Biikebrennen verabschiedet man auf den Nordfriesischen Inseln den Winter, wie hier an der Tinnum-Burg auf Sylt.

überragt. Wenn die brennende Tonne fällt, dann ist – so heißt es – der Winter vorbei. Die Aktiven in den einzelnen Ortschaften entwickeln bei der Vorbereitung einen beachtlichen Ehrgeiz. Dieser soll durchaus schon so weit gegangen sein, daß sich mancher Ort bei ungenügender Bewachung seines aufgetürmten Holzstoßes noch im letzten Augenblick um die Früchte seiner Arbeit gebracht sah. Wenn dann der Biikeabend erreicht und bei anbrechender Dunkelheit das Feuer angezündet ist, wird das Abbrennen der Biike von Fackelzügen, Honoratioren-Reden sowie Musik, Gesang und lustigen Alkohol-Runden der Umstehenden begleitet. Anschließend geht man gemeinsam zum traditionellen Grünkohlessen mit Schweinebacke, Kochwurst, Kasseler und Bratkartoffeln.
Für die Friesen stehen bei der Biike wohl Zusammengehörigkeitsgefühl und Heimatliebe im Vordergrund, für die Touristen gerät der Biikeabend mehr zu einer großen Feier mit Volksfestcharakter. Am nächsten Tag, dem „Petritag“, wird das Tanzbein geschwungen. Sogar die Kinder bekommen an diesem Tag schulfrei.
Das Biikefest hat in seiner wohl über tausendjährigen Geschichte einen Traditionswandel erfahren. In vorchristlicher Zeit wurden die Biiken mit Opferfeuern zu Ehren des Gottes Wotan in Verbindung gebracht. Später versuchte die Kirche, dieses heidnische Fest abzuschaffen bzw. zu „christianisieren“, und es wurde Aufgabe der Konfirmanden, das Biikematerial einzusammeln. Sie verband es mit dem christlichen Datum der „Petristuhl-Feier“ am 22. Februar. Im 17. Jahrhundert entwickelten sich Biike und Petritag zum Abschiedsfest für die Männer, die daraufhin die Heimat zum Walfang im Nordmeer verließen (man sagte: auf Grönlandfahrt gingen).

Biike und Petritag waren früher Höhepunkte im Leben der Friesen. Viele Insulaner bedauern, daß heute viele Touristen den Charakter des Festes verändern und daß sich die Konfirmanden nicht mehr zur Betreuung der Biike zur Verfügung stellen, so daß jetzt Gemeindearbeiter dafür eingesetzt werden.
In der wärmeren Jahreszeit ist das *Ringreiten* nicht nur an der Westküste, sondern auch in den ländlichen Regionen des Binnenlandes eine sehr beliebte und verbreitete Veranstaltung. Verwandte Wettkampfspiele gab es schon bei den römischen Reiterlegionen, den mittelalterlichen Rittern und später beim Adel. Das Ringreiten wird heute alljährlich von den örtlichen Reitervereinen veranstaltet, von denen etliche schon auf eine Tradition von mehreren hundert Jahren zurückblicken können. Das merkt man auch den ehrwürdigen alten Fahnen und den im alten Stil gehaltenen Uniformen an. Ringreiterfeste wurden früher auf den Inseln vorzugsweise im Spätherbst veranstaltet, wenn die Walfänger wieder zu Hause waren und die Ernte eingebracht war. Heute wählt man die Termine besonders in den Schönwetter-Monaten Mai bis Juli.
Ortseingänge und wichtige Stationen werden dann mit prächtigen Girlanden geschmückt. Wenn der fröhlich-festliche Umzug der Reiter – bei jüngeren Vereinen auch Reiterinnen – mit ihren blumen- und bändchengeschmückten Pferden und der Blaskapelle vorweg sich in Bewegung setzt, werden viele Schaulustige herbeigetrommelt. Die Preisträger aus dem Vorjahr dürfen noch ihre Schärpen tragen. Wenn früher der Umzug vor ihren Häusern zum Stehen kam und die Kapelle einen Tusch spielte, stärkte man sich schon einmal mit „Klaren“ für den anstrengenden Turniernach-

mittag. Heutzutage soll der Alkohol erst nach dem sportlichen Wettkampf fließen. Dieser besteht darin, daß die Reiter mit einer langen Holzlanze (oder mit einem kurzen Stecher) vom galoppierenden Pferd aus in das Loch eines zwischen zwei Holzpfosten an einem Seil oder einer Latte aufgehängten Messingrings treffen und diesen so aus der Halterung reißen müssen. Die Ringe weisen zunächst eine mehr als fingerdicke Öffnung auf; im Laufe des Turniers werden sie gegen engere ausgetauscht. Wer bei einer bestimmten Zahl von Durchritten die meisten Ringe gestochen hat, wird zum „König" ausgerufen und erhält eine breite Königsschärpe um die Schulter gelegt. Aber einen Preis bekommt auch, wer „Blindstecher" wird, d. h. wer keinen Ring heruntergeholt hat, und der „Sandreiter" – einer, der vom Pferd gefallen ist.
Für diejenigen, die während der Wettkämpfe Stärkung möchten, werden Getränke und eine reiche Auswahl an schönen, selbstgebackenen Kuchen bereitgehalten. Am Ende des Turniernachmittags findet wieder ein feierlicher Umzug statt, der meist vor dem Lokal endet, in dem der abendliche traditionelle Ringreiterball den krönenden Abschluß des Festes bildet.
Eine weitere, seit Jahrhunderten jedes Jahr im Sommer wiederkehrende Veranstaltung, nicht nur im Küstenbereich, ist das *Schützenfest* oder *Vogelschießen*. Schützengilden, die dieses Fest ausrichten, haben sich von den vielen Gilden, die es in früherer Zeit gab, bis auf den heutigen Tag einen wichtigen Platz im Gemeinschaftsleben erhalten. Über das Verhalten der Gildebrüder und das Vereinsgeschehen wird nach traditionellen, strengen Gildevorschriften gewacht; Zuwiderhandlungen können geahndet werden.

Das Ringreiten erfreut sich an der Küste seit jeher großer Beliebtheit. Es ist nicht leicht, in vollem Galopp den kleinen Ring mit der Lanze zu treffen.

Festumzüge mit Fahne und Kapelle umrahmen den sportlichen Teil des Schützenfestes. Manche Schützenvereine ermitteln den König durch Scheibenschießen mit dem Luftgewehr. Der König vom Vorjahr darf den ersten Schuß abgeben. Beim sogenannten Vogelschießen wird auf einen meist hölzernen Vogel geschossen, der auf einer hohen Stange befestigt ist. Ein beliebter Schützenvogel ist der Papagei, der aus einzelnen abschießbaren Teilen zusammengesetzt ist. Wer kleinere Teile abschießt, wird mit einem Preis belohnt – beispielsweise einem silbernen Löffel. Wer den Kopf oder den Rest des Vogels herunterholt, wird Schützenkönig. Ihm wird als Zeichen der Königswürde eine Königskette umgehängt und ein Kranz um den Hut gelegt. Unter den Damen wird die Schützenkönigin durch das Fischwerfen ermittelt. Dabei muß mit einem aus Holz oder Metall gefertigten Fisch das Ziel auf einer Scheibe möglichst oft getroffen werden. Die Siegerin wird zum Zeichen ihrer Königinnenwürde mit Schärpe, Königin-Abzeichen und Krone geschmückt. Den Abschluß des Schützenfestes bildet der abendliche Ball. In vielen Orten gibt es auch das Kinder-Vogelschießen, das von den Schulen veranstaltet wird.

Spezielle Bräuche

Die Sitte, am 21. Dezember, dem Tag der Wintersonnenwende, alle Geräte mit Rädern ruhen zu lassen, soll es schon in heidnischer Zeit gegeben haben. Dieser Tag war damals allein dem Gott Wotan vorbehalten. Später wurde er zum christlichen Thomastag. Aber auch heute noch bringen die Bewohner in etlichen Orten Nordfrieslands, z. B. auf der Insel Föhr, vor diesem Tag alle beweglichen Gerätschaften in Haus und Scheune in Sicherheit, denn am Abend des Thomastages kontrollieren die Jungen aus der Umgebung, ob auch kein bewegliches Gerät mit drehbaren Teilen noch irgendwo herumsteht. Falls sie etwas finden, machen sie sich einen Spaß daraus, alles was Räder hat, zu verschleppen und zu verstecken. Danach können die Betroffenen manchmal lange suchen, bis sie ihr Eigentum wiedergefunden haben.

In der Weihnachtszeit kann man eine friesische Besonderheit in den Fenstern bewundern. Das ist der Sylter *Jöölboom* oder der Föhrer *Bügelbogen,* die sich ein wenig durch den Schmuck voneinander unterscheiden. Um so einen Bogen herzustellen, bindet man einen Kranz aus Buchsbaum oder Eibe um einen bogenförmig gespannten Zweig und befestigt diesen an einem kleinen Holzgestell, das aus einem aufrechten Steg und drei Querstreben besteht. Als Schmuck dienen bemalte Figuren, die man aus Salzteig anfertigt, außerdem Obst oder Backobst sowie vier Kerzen. Der Jöölboom wird als Überbleibsel des heidnischen Jöölfestes gedeutet, das zur Zeit der Wintersonnenwende stattfand. Entsprechend wird angenommen, daß der Bogen den kleinsten Jahresbogen der Sonne zur Zeit der Wintersonnenwende symbolisiert. Aber auch christliche Sinnbilder werden zur Deutung herangezogen. So sollen die unten angebrachten Figuren von Mann und Frau Adam und Eva unter dem Paradiesbaum sein. Die Tierfiguren wiederum könnten für bestimmte, seit alter Zeit im Leben wichtige Eigenschaften stehen.

Den Brauch des *Maskenlaufens* in der Vorweihnachtszeit oder zu Silvester gibt es in verschiedenen Varianten. In einigen Dörfern auf der Insel Föhr spricht man von *Kenknin,* in den Ostdörfern

von *Hulken.* Hier verkleiden sich am Jahresende nicht nur Jugendliche, sondern auch Erwachsene, so daß sie möglichst nicht zu erkennen sind. Am Silvesterabend gehen sie dann bei anbrechender Dunkelheit in kleinen Gruppen von Haus zu Haus und besuchen Nachbarn und Bekannte. Diese haben sich auch schon in der guten Stube (Pesel) versammelt, um die ungeladenen Gäste zu empfangen, die sogleich hereingelassen werden. Dann geben die Gäste in Liedern und selbst gedichteten Versen etwas Humorvolles über Begebenheiten aus dem abgelaufenen Jahr zum besten. Die Zuhörer geben sich derweil Mühe zu erraten, wer sich wohl hinter den einzelnen Verkleidungen verbirgt.
Anschließend gibt es kleine Geschenke.
Während das Kenknin in erster Linie zur Unterhaltung und Geselligkeit unter den Dorfbewohnern beiträgt, gehört das *Rummelpottlaufen,* das heutzutage seltener geworden ist, wohl ursprünglich zu den sogenannten Bettelbräuchen. Es gab den Kindern der ärmeren Schichten eine Möglichkeit, zu kleinen Weihnachtsgeschenken zu kommen. Die verkleideten und maskierten Jugendlichen ziehen in der Vorweihnachtszeit oder häufig zu Silvester in kleinen Gruppen von Haus zu Haus. Sie werden in die Stube gebeten oder tragen auch an der Haustür sogenannte Bettellieder aus überkommenen und hinzugedichteten Reimen vor und untermalen diese kräftig durch das rummelnde Geräusch des Rummelpotts. Dabei handelte es sich früher oft um einen Tontopf, der mit Schweinsblasenhaut bespannt war. Darin wurde ein Stück eines glatt polierten Rohrstocks eingebunden. Bis in die Nachkriegsjahre, solange noch das Hausschlachten üblich war, wurde die Schweinsblase wie ein kleiner Luftballon aufge-

Eine Gruppe von Föhringern beim „Hulken“. Der Brauch des Hulkens wird am Silvesterabend vor allem in den Ostdörfern, z. B. in Oldsum, ausgeübt. Man klingelt an der Haustür und trägt seine Lieder mit selbstverfaßten Texten vor, in denen die Ereignisse des letzten Jahres auf die Schippe genommen werden. Die Teilnehmer – es sind Erwachsene – tragen Gesichtsmasken, die sie unkenntlich machen, und schlüpfen in ihrer Verkleidung oft in die Rolle des anderen Geschlechts. Am Ende ihres auch mit Instrumenten begleiteten Gesanges fallen die Masken. Die Gruppe erhält als Lohn von den Zuhörern ein Glas Teepunsch oder Glühwein und Schmalzbrot. Zum Schluß trifft man sich gern noch im Gasthof.

blasen und getrocknet und für den Rummelpott zurückgelegt. Heute kann man anstelle der Schweinsblasenhaut einfach Kunststoffolie nehmen. Durch Zupfen an dem Stöckchen läßt sich dann das charakteristische rummelnde Geräusch erzeugen. Das Betätigen weiterer klappernder Instrumente kann den Spaß erhöhen. Zu Silvester wird mit dem Krach zugleich das alte Jahr vertrieben und das neue begrüßt.

Zu Ostern hat sich im Unterschied zu der weit verbreiteten Sitte des Eiersuchens auf den Inseln, beispielsweise auf Sylt und Föhr, noch der Brauch des *Eierrollens* bzw. *Eierwerfens* erhalten. Die Spielregeln variieren dabei von Ort zu Ort etwas. Auf Föhr erhalten die Kinder am Ostermorgen eine bestimmte Zahl an sehr hart gekochten und bunt bemalten Eiern zugeteilt. Kleine rundliche Exemplare werden bevorzugt, denn diese sind besonders stabil. Werden beim Kochen Zwiebelschalen hinzugegeben, erhalten sie eine schöne braune Farbe.

Am Nachmittag können die Kinder diese Eier dann auf einer steinfreien Osterwiese hoch oder weit werfen. Die beschädigten Eier dürfen gegessen werden, mit den unversehrten wird weitergespielt. Manche Eier können mehrere Würfe vertragen, ohne zu zerbrechen. Dann folgt das „Pötjerin“. Dabei stoßen die Kinder die Eier mit den Spitzen zusammen, in der Hoffnung, das fremde Ei zu beschädigen, denn das gehört dann demjenigen, dessen Ei unversehrt geblieben ist.

In einigen Orten auf Sylt, z. B. in Keitum, ist es üblich, daß die Kinder an beiden Ostertagen die Eier auf einer entsprechend hergerichteten Wiese zunächst aufeinander zurollen (bzw. zuwerfen), ebenfalls mit dem Ziel, das Ei des anderen zu beschädigen. Wer noch ein heiles Ei hat, darf wei-

terspielen. Gewinner ist jeweils derjenige, dessen Ei die weitesten und höchsten Würfe heil überdauert hat.
Es scheint so, daß die genannten Bräuche dem einzelnen auch gegenwärtig ein Gefühl von Geborgenheit in Familie, Nachbarschaft und Heimat vermitteln.

Bauernhäuser im deutschen Nordseeküstenraum
Gerd Kühnast

Schon früh haben Reisende ihre Eindrücke von den Bauernhäusern in den Marschen der deutschen Nordseeküste niedergeschrieben und bewundernd ihre Größe und ihre oft reiche Ausstattung gepriesen. Auch die Hausforschung hat sich schon im 19. Jahrhundert mit der Baukunst in den Nordseemarschen beschäftigt.
Haubarge, Geesthardenhäuser, uthlandfriesische Häuser und Vierseithöfe in Nordfriesland sowie Barghäuser und Husmannshüs in der Wilstermarsch, Gulfhäuser in Ostfriesland und Hallenhäuser in den Flußmarschen in ihren vielfältigen Formen sind bis in unsere Zeit kennzeichnend für das Bild dieser Landschaften geblieben.
Der Wandel in der Landwirtschaft hat immer wieder zu veränderten Ansprüchen an die Wirtschaftsgebäude und zu neuen Hausformen geführt.
Heute sind es Stallungen für große Tierbestände und Unterstände für Großgerät, die das Aussehen der landwirtschaftlichen Betriebe bestimmen. Es ist einfacher und preiswerter, neu zu bauen, als die alten Gebäude für die neuen Nutzungsformen umzugestalten.
Dennoch sind die heute vielfach ganz anders genutzten verbliebenen historischen Gebäude immer noch eindrucksvolle Wegmarken in den weiträumigen Küsten- und Flußmarschen der Nordsee und Zeugnisse der dortigen Wirtschaftsentwicklung.
Von der Mitte des vorigen Jahrhunderts an ging die Zeit der historischen Bauernhäuser langsam, aber stetig dem Ende entgegen. Man nutzte sie für ihren ursprünglichen Zweck, solange sie dazu taugten und neuen Formen der Landwirtschaft angepaßt werden konnten. So gingen in Eiderstedt bereits um die Mitte des vergangenen Jahrhun-

„Friesenhaus“ in Keitum am Takerwai. Dort stehen noch mehrere guterhaltene Gebäude des urtümlichen Innenständerhauses.

Im vom Wind geschützten Osten dieses Hauses in Süderende auf Föhr ist dieser schöne Garten mit seinen Rosen und Stockrosen angelegt.

derts zahlreiche Haubarge durch Abbruch verloren, weil die Umstellung von der Milchwirtschaft auf die Weidemast große Bergeräume entbehrlich machte und ihre Unterhaltung sich nicht mehr rentierte. Dieser Prozeß beschleunigte sich in den ersten Jahrzehnten nach dem Zweiten Weltkrieg und ist bis heute nicht abgeschlossen.
Da die landwirtschaftliche Nutzung der alten Gebäude ohne Veränderungen nur in wenigen Fällen möglich war, wurden Wirtschaftsgebäude abgebrochen und neu gebaut oder Höfe ausgesiedelt. Die von Veränderungen verschont gebliebenen Bauernhäuser, sogenannte Resthöfe – ohne dazugehörige Ländereien –, fanden in jüngster Zeit zum Teil neue Eigentümer, die wiederum die historischen Bauernhäuser umgenutzt und zum Teil vorbildlich erhalten haben.

Ein Blick zurück

Das Grundmuster der angesprochenen Haustypen ist schon im dreischiffigen Wohn-Stall-Haus, das bereits für die Bronzezeit belegt ist, erkennbar. Zwischen den Niederlanden und der jütischen Westküste bezeugen zahlreiche Ausgrabungen – allein in den letzten 30 Jahren wurden 900 Grundrisse freigelegt – die Weiterentwicklungen dieses Haustyps, der schon in vorgeschichtlicher Zeit in Varianten vorkam.
Daraus ergibt sich folgendes Bild: Das Dach des Hauses wurde von zwei parallel eingegrabenen Pfostenreihen getragen, die den Grundriß in einen Mittelraum und zwei zu beiden Seiten gelegenen Abseiten gliederten. Die Traufseiten ruhten entweder auf außen- oder wandständigen Pfosten. Die Wände waren aus Ruten geflochten, mit Lehm verstrichen oder aus Erdsoden aufgesetzt.

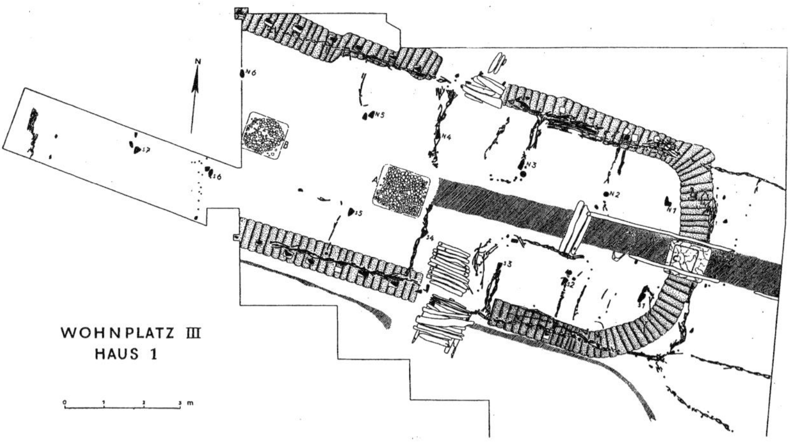

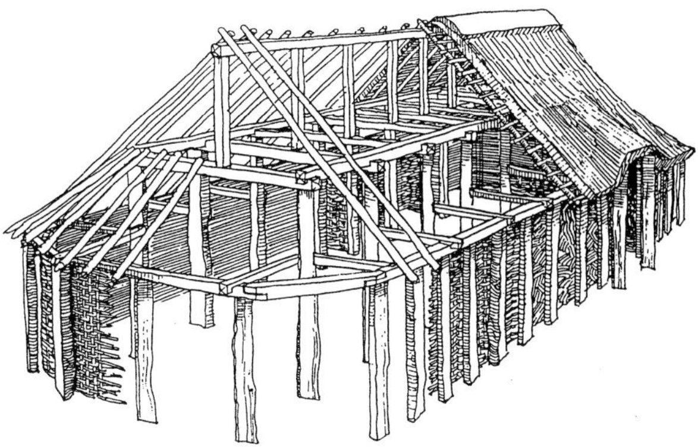

Auf der Großwarft Tofting bei Tönning, nahe einem alten Eiderlauf, fand der Archäologe Albert Bantelmann um 1950 Häuser der frühen Siedler. Es waren in Richtung Ost-West liegende dreischiffige Wohnstallhäuser mit Flechtwänden und dachtragenden Pfosten aus Eichenspaltbohlen, die bis in die zweite Hälfte des 4. Jh. n. Chr. genutzt wurden.

Dänische Archäologen rekonstruierten 1971 ein 16 m langes und 5 m breites Haus von Tofting und bauten es im Freilichtmuseum Moesgaard bei Aarhus in Jütland auf. Die Zeichnung gibt einen Eindruck von der etwa 2000 Jahre alten Konstruktion, die im niederdeutschen Hallenhaus wie im uthlandfriesischen Haus bis weit in die Neuzeit fortlebte.

Dieses dreischiffige Wohn-Stall-Haus ist von der vorrömischen Eisenzeit bis zur Wikingerzeit ziemlich lückenlos belegt. Für die Eisenzeit seien hier nur Ezinge in den Niederlanden, Feddersen Wierde in Ostfriesland und Tofting in Eiderstedt genannt.
Da die Ausgrabungsbefunde überwiegend Längsschnitte durch die Grundrißebene vermitteln, ist zwar die Grundfläche nachvollziehbar, die Konstruktion der tragenden Gerüste dagegen nur durch wenige Einzelbelege und durch Vergleiche abzuleiten. Die vorgeschichtliche Hausforschung hat sich lange mit der Frage beschäftigt, ob die früh-neuzeitlichen Häuser unmittelbar auf diese vorgeschichtlichen bronze- und eisenzeitlichen Häuser zurückzuführen seien. Ein Grund, daran zu zweifeln, liegt zum einen in der Tatsache, daß es für den Zeitraum des Mittelalters nur spärliche Ausgrabungsfunde gibt, zum andern, daß die Nordseemarschen nur sehr dünn besiedelt und die angrenzenden landwärtigen Gebiete in dieser Zeit von unterschiedlichen Bevölkerungsgruppen bewohnt waren.
Wahrscheinlich ist das von Pfosten gestützte, weich gedeckte Haus schon im frühen Hausbau in holzarmen Landstrichen als eine so gut durchdachte Konstruktion empfunden worden, daß dieses Prinzip bis in die Neuzeit hinein – in technisch immer wieder verbesserter Form und in zahlreichen, der jeweiligen Nutzungsform entsprechenden Varianten ausgeführt – den Ansprüchen genügte. Die Entwicklung der neuzeitlichen Ständerbauten aus den vorgeschichtlichen Pfostenhäusern der Eisenzeit ist auch ohne das *missing link* (fehlendes Bindeglied) des Mittelalters nur folgerichtig, meint der mecklenburgische Bauernhausforscher Karl Baumgarten.

Im folgenden sollen nun einige typische Hausformen vorgestellt werden.

Das niederdeutsche Hallenhaus

Dieser Haustyp gehört zu den am meisten verbreiteten Bauernhausformen im norddeutschen Raum. Er war von den Niederlanden bis nach Ostpreußen, im Süden bis ins Gebiet der Mittelweser und im Norden bis an die Eider üblich. Die Archäologie förderte in Niedersachsen Nachweise für das Hallenhaus schon aus dem 10./11. Jahrhundert zutage. Dieser Ständerbau weist noch lange Zeit große Ähnlichkeiten mit dem dreischiffigen Haus der Eisenzeit auf: Mensch und Tier leben in einem Raum, aus den eingegrabenen Pfosten werden auf Feldsteine gestellte Ständer, aus Flechtwänden wird später Fachwerk. Der Eingang, die Grootdör, befindet sich an der Giebelseite. Diele und Flett bilden die Halle mit den niedrigen Seitenteilen (-schiffen), den Kübbungen, in denen das Vieh untergebracht ist und sich die Kammern für Knechte und Mägde befinden. Die Diele ist ein langgestreckter Platz mit einem Lehmfußboden. Auf dem Dachoden darüber wird das Getreide gelagert. Das Flett, der Wohnbereich, liegt der Grootdör gegenüber und erstreckt sich bis an die Außenwände. Der Fußboden ist gepflastert, in der Mitte zu ebener Erde liegt die Feuerstelle. In den Nischen an den Außenwänden, den Luchten, befinden sich der Arbeitsplatz der Hausfrau und gegenüber der Eßplatz. Die Feuerstelle dient in diesem Haus ohne Schornstein, dem Rauchhaus, zum Kochen und zum Räuchern; das Vieh sorgt zusätzlich für Wärme.
Erst nachdem das Hallenhaus in der frühen Neuzeit um das Kammerfach, bestehend aus der Döns

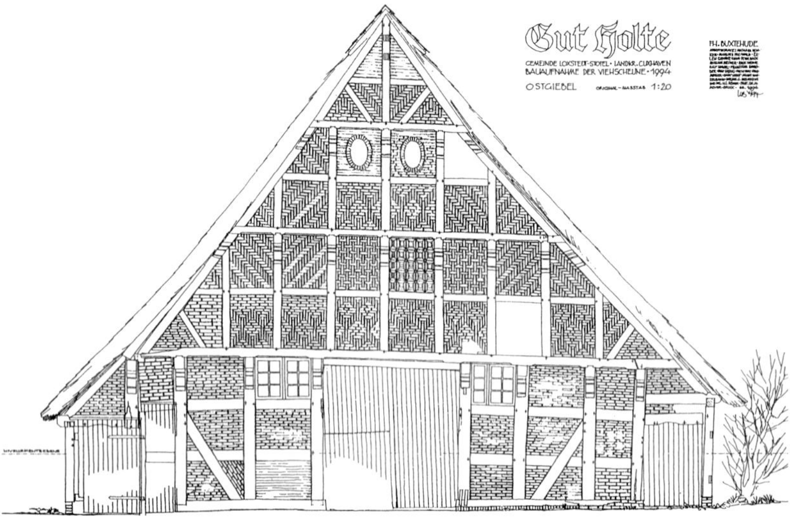

Der nach Osten weisende Schaugiebel eines zum Gut Holte bei Cuxhaven gehörenden niederdeutschen Fachhallenhauses aus dem 16./17. Jahrhundert mit der typischen Grootdöör, dem Eingang zur Grootdääl, der Dreschdiele; an den Außenwänden, links und rechts, die „Missendöören“, zum Ausmisten der Viehstände

und einer oder mehreren Kammern, vergrößert wird, ziehen sich der Bauer und seine Familie mit den Altenteilern hierhin zurück. Die Döns wird mit einem Hinterladerofen vom Flett aus beheizt. Die Feuerstelle bleibt weiter im Flett. Aus Brandschutzgründen erhält der Herd einen Rauchfang, den Schwibbogen, der den Funkenflug ins Dach verhindert. Der Rauch zieht im Rauchhaus durch die Ernte auf dem Boden und durch das Weichdach ins Freie. Mit dem Bau von Kaminen, die den Rauch durch das Dach hinausleiten, ist die Zeit des Rauchhauses vorbei. Sowohl in den Flußmarschen der Elbe, im Alten Land und in den holsteinischen Elbmarschen als auch in Dithmarschen und Teilen Ostfrieslands ist das niederdeutsche Hallenhaus fester Bestandteil der Hauslandschaft. Seine Größe und Ausstattung variiert je nach dem Wohlstand seiner Erbauer.

Gulfhäuser: Import aus den Niederlanden

Von der niederländischen Provinz Nordholland bis zur dänischen Grenze reicht die Verbreitung des Gulfhauses. Es gehört zur Gruppe der Ständerbauten, in denen die Ernte erdlastig im sogenannten Gulf, dem Viereck zwischen den tragenden Ständern bis unter den First, gelagert wurde. Dieser Haustyp hat sich zu einer besonderen Form entwickelt und ist ein charakteristisches Haus der Marschen.
Nach dem gegenwärtigen Forschungsstand darf man davon ausgehen, daß das ostfriesische Gulfhaus, das Barghus der Wilstermarsch und der nordfriesische Haubarg auf das niederländische Vorbild zurückzuführen sind. Das Dach dieser Häuser ruht hauptsächlich auf dem Ständergerüst, dem Stapelwerk (Ostfriesland), dem Stuhl (Wil-

stermarsch) oder dem Vierkant (Nordfriesland), und die Traufe wird von den Außenmauern getragen. Die gemeinsamen Merkmale dieser regional unterschiedlich entwickelten Bauernhausform sind die schon erwähnte erdlastige Bergung des Winterfutters oder des Getreides und die ausgeklügelte, Baustoff sparende Konstruktion, die ein Maximum an Raum mit einem Minimum an Materialaufwand ermöglicht. Diese Prinzipien wurden in den holzarmen Marschgebieten entwickelt. Sie lassen darauf schließen, daß die „Gulfhausidee“ (Scheer/Mathieu) mit den Deichbauern und Investoren im 16./17. Jahrhundert aus den Niederlanden in die übrigen Küstengebiete gelangte und nach den jeweiligen Bedürfnissen unterschiedlich weiterentwickelt wurde.
Der wachsende Bedarf an Nahrungsmitteln in den Städten und den Zentren der Wirtschaft in der frühen Neuzeit und die verbesserten Methoden der Bodenbewirtschaftung hatten den Bedarf der Landwirtschaft an großen Wirtschaftsgebäuden zur Folge.
Eine weitere Vergrößerung erfuhren die Gebäude im ausgehenden 18. und in der ersten Hälfte des 19. Jahrhunderts, als der Getreideanbau auch in den Marschen auf Grund weiter verbesserter Entwässerungstechniken möglich wurde. In dieser Zeit entstanden die großen, bis heute das Bild der Marschen prägenden Gulfhäuser entlang der ganzen Küste.

Das ostfriesische Gulfhaus

Diese Form des Gulfhauses ist wie die seiner Verwandten in West- und Nordfriesland sowie in der Wilstermarsch ein „fast lupenreines“ Einhaus (Gläntzer), in dem Wohnen, Viehhaltung und Fut-

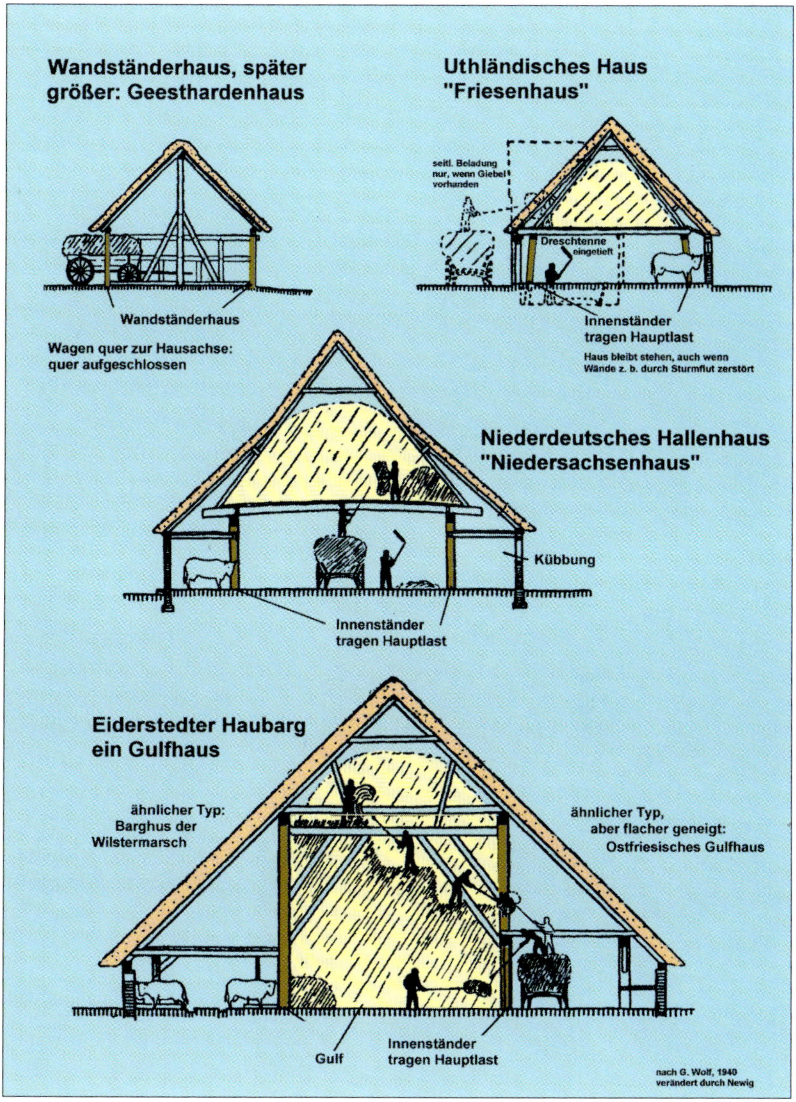

Grundtypen von Bauernhäusern an der Küste

ter-/Erntebergung unter einem Dach stattfinden. Der schmale Wohnteil und der breite dreischiffige Grundriß der Viehscheune sind zu einem eindrucksvollen Ganzen zusammengefügt. Im Innern ragt über dem Grundriß ein weitmaschiges Holzgerüst auf. Die hohen Ständer werden paarweise zu sogenannten Gebinden von etwa sieben bis zehn Metern Breite im Abstand von sechs bis sieben Metern in einer Reihe aufgestellt. Ein sogenanntes Rähm, ein Rahmen aus Balken, verbindet die Ständerpaare in Längsrichtung. Die ersten Gulfhäuser finden sich etwa gleichzeitig um 1600 in Ostfriesland, in der Wilstermarsch sowie im Dollartgebiet und in Nordfriesland. Auch sie gehen auf niederländische Vorbilder zurück. Gläntzer verweist auf die Ähnlichkeit mit flämischen Klosterscheunen des 13. und 14. Jahrhunderts, die bereits eine dreischiffige Anlage zeigen. Das Gerüstprinzip war den Weidebauern der Marsch aus langer Erfahrung mit ihren Häusern ebenso bekannt wie die erdlastige Lagerung der Ernte im Rutenberg, einem offenen Bergeraum für Heu, bestehend aus vier bis sechs Ständern mit einem nach oben verschiebbaren Dach.

Das Barghus der Wilstermarsch

Das Barghus besteht, ähnlich wie das ostfriesische Gulfhaus, aus einer Scheune mit einem integrierten oder davorgesetzten Wohnhaus. Seine Grundstruktur gleicht der von Gulfhaus und Haubarg. Parallel zum Gulf angeordnet sind der Viehstall zur einen, die Dreschdiele zur anderen Seite. Quer davor befindet sich der Pferdestall. Sowohl Barghus als auch Haubarg kennzeichnet der quer vor dem Wirtschaftsraum angelegte Wohnteil, der in das Gulfhaus integriert oder um Flügel auf einer

Das Barghus aus dem 18. Jahrhundert in Hochfeld, Wilstermarsch, zeigt die Grundmerkmale aller Gulfhaustypen, die von Nordholland im Westen bis hinauf nach Nordfriesland in regionaltypischen Varianten erbaut wurden. Der Wohnteil ist in den Baukörper integriert und liegt quer vor dem Barg. Das Nebengebäude wurde später gebaut.

Seite oder auf beiden Seiten vergrößert ist. Wie beim ostfriesischen Gulfhaus ist die Form des Wohnhauses unterschiedlich ausgeführt. Die Grundform kehrt jedoch mit Abwandlungen in den meisten Höfen wieder.

Der Eiderstedter Haubarg

Der erste bekannte Haubarg wurde 1605 von holländischen Einwanderern in Eiderstedt erbaut (Knottnerus). Aus jener Anfangszeit ist aber kaum etwas erhalten geblieben, allenfalls Reste oder zweitverwendete Hölzer weisen auf den Ursprungsbestand hin. Die ältesten Hölzer sind aus der Mitte des 16. Jahrhunderts datiert. Die frühen Haubarge enthielten Hausgerüste aus Eichenholz. Später wurde dafür Nadelholz aus dem Ostseeraum importiert, das in größeren Mengen zu erschwinglichen Preisen zu beschaffen war. Der Seehandel im 18./19. Jahrhundert machte dies möglich.
Der Haubarg als Bauernhausform prägte vor allem die Halbinsel Eiderstedt. Um 1860 gab es dort nach einer Erhebung rund 370 Haubarge. Aber auch in den benachbarten Gebieten wurden vereinzelt Haubarge errichtet, von denen nur noch zwei überdauert haben: der Haubarg Honnens im Stapelholmer Dorf Seeth und der Haubarg Arlewatthoff am Geestrand nördlich von Husum. Sowohl im nördlichen Dithmarschen als auch bis in die Tonderner Marsch war der Haubarg vertreten. Der nördlichste Haubarg Königstein bei Niebüll brannte vor zehn Jahren ab.
Das Haubargsterben der letzten Jahrzehnte durch entfallene Nutzung, nicht selten auch durch Feuer, rief schon früh den Denkmalschutz und Freilichtmuseen auf den Plan. So holte das dänische

Einer der größten Haubarge in Eiderstedt, im Trockenkoog, Gemeinde Tetenbüll, aus der Mitte des 18. Jahrhunderts, wird zum Teil noch landwirtschaftlich genutzt. Mit Hilfe eines Landesprogramms zur Erhaltung der Haubarge und mit erheblichen privaten Mitteln wurde das Gebäude im vorigen Jahrzehnt grundsaniert.

Nationalmuseum im Jahre 1959 den Haubarg Rotelau aus Kating in das Freilichtmuseum Lyngby bei Kopenhagen. Dieser Umstand war mit entscheidend für die kurz darauf erfolgte Gründung des Schleswig-Holsteinischen Freilichtmuseums in Molfsee bei Kiel, in das ein Eiderstedter Haubarg umgesetzt wurde. Mit einem finanziellen Sonderprogramm konnte die Denkmalpflege im letzten Jahrzehnt eine Reihe von Haubargen sanieren und sichern helfen.

Zwei Langhaustypen: uthlandfriesisches Haus und Geesthardenhaus

Zwei Langhaustypen, durch eine Diele quer geteilt, prägen das Erscheinungsbild der Gebiete nördlich der Eider. Sie sind – wie alle alten Bauernhaustypen – mit Reet oder Stroh gedeckt. Die Gebäude stehen zumeist in West-Ost-Richtung und haben oft an den Schmalseiten „Krüppelwalme", d. h. das Dach ist weder ganz nach unten gezogen, wie beim Vollwalmdach, noch ist die Wand bis an den First hoch aufgemauert. So konnte man jeweils eine Luke zum Beladen des Dachbodens einbauen, denn bis zur Mitte des 17. Jahrhunderts waren Giebel und Luke an der Langseite unbekannt. Vor allem aber wurde durch diese Bauweise die Gefahr, daß das Dach bei Sturm aufreißt, stark gemindert. Die Diele teilt das langgestreckte Gebäude in einen Wohn- und einen Wirtschaftsteil.
Der Typus des uthlandfriesischen Hauses erscheint in den „Uthlanden", d. h. in den der Geest vorgelagerten Marschen sowie auf Inseln und Halligen. Es handelt sich dabei um einen Innenständerbau. Dies ist ein massiver Bau mit durchgehenden wandnahen Ständern, die das Dach tra-

In der Wiedingharde, einer Marschlandschaft an der dänischen Grenze, steht dieses uthlandfriesische Haus von 1795. Die Querdiele trennt den Wohnteil vom relativ kleinen Wirtschaftsteil. Die Luke über der Dielentür dient zum Einbringen von Heu. Typisch ist der Stalleingang von der Schmalseite des Hauses. Um die Wende zum 19. Jahrhundert erhielt das uthlandfriesische Haus einen Dachstuhl, der auf den Wänden und nicht mehr auf Innenständern ruhte. In der Marsch war Ackerbau nicht überall möglich, so daß die Dreschtenne entbehrlich war. Der Ortsteil, zu dem das Haus gehört, heißt Fischerhäuser. Das deutet auf Landwirtschaft im Nebenerwerb hin. Das Haus steht auf einer alten Warft. Es gab wahrscheinlich Vorgängerbauten.

gen. Oft sind diese Ständer nicht mehr als einen halben Meter von der Außenwand entfernt. Die Ständerpaare lassen eine größere Raumhöhe zu als die niedrigen Außenwände. Aufschieblinge – das sind kürzere Hölzer – überbrücken den Zwischenraum zwischen Außenmauern und Dachstuhl. Im Wohnteil ist die Schräge durch eine Vertäfelung abgeschlossen, Kattschur genannt. Ursprünglich waren die Wände des Stallteils aus Erdsoden aufgesetzt und/oder verbrettert, später wurden sie durch Ziegelmauern ersetzt. Die Ständerbauweise bot in den nicht sturmflutsicheren Marschen den Vorteil, daß das Hausgerüst stehenblieb, auch wenn die Wände einstürzten.
Das Haus wurde vor allem für die Weidewirtschaft genutzt. Der Stall ist wie beim Hallenhaus von der Giebelseite aus erschlossen. Das Vieh stand mit dem Kopf zur Außenwand und wurde vom in der Mitte angelegten Stallgang her gefüttert. Am Rande der Geest und auf den Nordfriesischen Inseln wurde hingegen auch Ackerbau betrieben. Um dreschen zu können, brauchte man eine große Raumhöhe. Daher gab es im Wirtschaftsteil einen kleinen eingetieften Raum, die Dreschdiele.
Die letzten uthlandfriesischen Häuser wurden bis um 1800, zuletzt ohne Ständergerüst, gebaut. Sie behielten aber das alte Grundrißschema bei. Wurden Anbauten an den Wirtschaftsraum nötig, mußten sie im Winkel erfolgen, um den Stallausgang im Giebelende nicht zu versperren. Nach 1800 entsprach der Haustyp nicht mehr den Anforderungen der Landwirtschaft. Zudem war das wandtragende Geesthardenhaus für den Ackerbau besser geeignet.
Das Geesthardenhaus ist vom jütischen Raum beeinflußt. Die Dachkonstruktion liegt auf den

Das Geesthardenhaus in Hattstedt, Nordfriesland, wurde 1879 errichtet – ganz traditionell. Nur einige Jahrzehnte später wurde die Bauform durch Drempelbauten aus Mauerwerk und Wellblech abgelöst. Das Haus ist für den Ackerbau ausgelegt und von der Längsseite erschlossen: Wohnteile, Querdiele, Dreschtenne (Lodiele), Stall und Bansenraum für die Lagerung von Getreide, Heu und Stroh.

Außenwänden und ist mit diesen durch die Murplaat, eine außen sichtbare Bohle und hölzerne, später geschmiedete Maueranker verbunden. Alle Eingänge liegen auf der der Straße zugewandten Längsseite. Wie beim uthländischen Haus werden Wohn- und Wirtschaftsbereich durch eine Querdiele getrennt. Die Küche mit dem Herd liegt Wand an Wand mit der beheizbaren Döns (Wohnzimmer). Pesel („gute Stube“) und Schlafräume sind nicht beheizbar. Der an die Querdiele grenzende Wirtschaftsraum ist geteilt in Dreschdiele, Stall und Scheunenraum.
Sowohl in der Marsch als auch auf der schleswigschen Geest wurde diese Hausform bis in unser Jahrhundert hinein gebaut. Das Haus ließ sich leicht verlängern, wenn der Raum nicht mehr ausreichte. In der Marsch, zumal auf den begrenzten Warftflächen, erfolgten solche Anbauten meist im rechten Winkel. Geschah dies mehrfach, so ergab sich ein geschlossener Vierkant mit einem für die Hauswirtschaft nutzbaren Innenhof.

Sind die Bauernhöfe noch zu retten?

Veränderte Anforderungen führten zu veränderten oder neuen Hausformen. Am Ende dieser Evolution der Bauernhäuser zeigt sich bis heute, daß die Hausformen über Jahrhunderte in Konkurrenz miteinander standen. In Dörfern wie Seeth/Stapelholm oder in der Wilstermarsch stehen Gulfhäuser und niederdeutsche Hallenhäuser bis heute nebeneinander. Reine Hauslandschaften konnten bei der oft langwierigen Entwicklung und dem unterschiedlichen Wohlstand der Landwirtschaft gar nicht entstehen. Sie entwickelten sich dadurch vielfältig und vielgestaltig.

Nie zuvor war der Umbruch in der Landbewirtschaftung so einschneidend wie in den vergangenen 40 Jahren. Das hat zu großen baulichen Veränderungen der alten Bauernhäuser geführt. Große Grundflächen und Stapelräume wie in den Gulf- und Hallenhäusern oder in Geestharden-häusern werden zum Teil unter Veränderung der alten Struktur auch heute landwirtschaftlich genutzt; zur Rinder- und Schweinehaltung, als Bergeraum für Rauhfutter oder zum Einstellen von Maschinen. Dabei bleibt zumindest das Gebäude für die Landschaft erhalten. In vielen Fällen steht eine dem gewachsenen Viehbestand angepaßte Halle als Laufstall mit Melkanlage in erreichbarer Nähe. Der alte Stall wird zum Abkalben, zur Jungviehaufzucht oder zur Mastviehhaltung weitergenutzt.
Eine Haubargscheune in Eiderstedt wurde vor einigen Jahren unter Erhaltung des Innengerüstes zu einem Viehstall mit Spaltenboden und Schwemmentmistung umfunktioniert – eine mögliche Lösung, die aber eine Ausnahme bleibt. Dennoch fallen immer mehr historische Gebäude aus der alten Nutzung. Für ihre Erhaltung müssen neue Wege gefunden werden. Ein zur Zeit bearbeitetes, groß angelegtes Projekt ist der Kulturlandschaft der Wattenmeer-Region von Holland über Deutschland mit Niedersachsen und Schleswig-Holstein bis Dänemark gewidmet. Da diese Region, unabhängig von der nationalen Zugehörigkeit, eine in sich zusammenhängende Naturlandschaft mit ähnlichen oder gemeinsamen Merkmalen, Eigenheiten, Gesetzen und Lebensbedingungen bildet, haben sich die Regierungen der drei beteiligten Länder auf der achten trilateralen Wattenmeer-Konferenz 1997 in Stade geeinigt, nun nicht nur dem Naturerbe, sondern auch dem

Kulturerbe der Wattenmeer-Region Aufmerksamkeit zu widmen. Seit 1997 arbeitet die Working Group on Landscape and Cultural Heritage in the Wadden Sea Region (WADCULT), seit 1999 gibt es dazu ein von der Europäischen Union gefördertes Projekt zur Bestandsaufnahme des landschaftlichen und kulturellen Erbes (LANCEWAD). Diese Dokumentation muß Anstoß sein für neue Ideen zur Erhaltung und Sicherung des kulturellen Erbes in den Nordseemarschen.

Das Ostenfelder Bauernhaus wurde etliche Kilometer westlich des Dorfes in Husum als Museum wiederaufgebaut. Es gehört zu den nordwestlichsten Exemplaren des niedersächsischen Fachhallenhauses.

Das „Altfriesische Haus“ ist Teil des Sylter Heimatmuseums in Keitum. In diesem uthländischen Haus wohnte einst der Chronist C. P. Hansen. Links der Nordtür am Ende einer durchgehenden Mitteldiele befindet sich der Wohnteil, rechts der Stallteil, der inzwischen verändert worden ist.

Mittelalterliche Kirchen an der Nordsee

Hermann Haiduck

Gleich zu Beginn der Christianisierung des Küstengebiets diente die Nordsee angelsächsischen Mönchen als Verkehrsraum für ihre Missionsreisen nach Friesland. 678 unternahm Erzbischof Wilfried von York eine Schiffsreise nach Friesland. Nach seiner Rückkehr wurde er bei angelsächsischen Mönchen zum Anreger der Friesenmission. Wilfrieds Schüler Willibrord weilte seit 690 in Friesland, wo er 695 von Papst Sergius I. als Bischof in Utrecht eingesetzt wurde. Als der Gegenspieler der christlichen Mission, der Friesenkönig Radbod, 719 starb und die fränkische Eroberungspolitik sich weiter östlich ausweitete, folgte auch die Mission dieser Richtung. Ein Rückschlag kam mit dem Märtyrertod Bonifatius' (Winfried) im Jahr 754 in Dokkum. Aber neue Generationen von Missionaren, zu denen gegen Ende des 8. Jahrhunderts Liudger und Willehad gehörten, setzten das begonnene Werk fort.

Ein flächendeckender Kirchenbau setzte im Küstenraum um die Jahrtausendwende ein. Die ersten Kirchen waren Holzbauwerke, oft schon von stattlichen Ausmaßen, so wie die um 1000 herum gebaute Kirche in Middels (Ostfriesland), deren Grundriß als Lehmestrich-Plattform durch Grabung ans Licht kam. Es handelte sich um ein Bauwerk mit dem Grundriß eines Saals und eines etwas eingezogenen Rechteckchors, in dem sogar noch das rechteckige, aus Feldsteinen mit Lehm aufgemauerte Altarfundament nahe der Ostwand vorhanden war. Die Wände der Kirche ruhten als Schwellbalkenkonstruktion auf Findlingen.

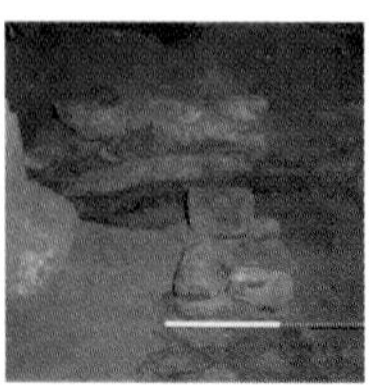

Ausgrabungen in der Kirche von Middels (Ostfriesland). Befunde mit Altarrest der älteren Holzkirche und Findlinge vom Ostabschluß

Vom Holz zum Stein

Solche Holzkirchen, die nach und nach wohl in jeder größeren Siedlung entstanden, wurden häufig ein Raub der Flammen durch die zahlreichen Brände in den Siedlungen dieser Zeit. So sind viele Befunde abgebrannter Holzkirchen im Küstengebiet bekannt geworden. Dabei fand sich im Brandschutt häufig verkohltes Getreide, das in großen Mengen in den Kirchen lagerte und wahrscheinlich eine Zehntabgabe der Bauern an die Kirche darstellte. Der Nachweis der verschiedenen Getreidearten wie Roggen, Gerste und Hafer, die Samen und Früchte von Unkräutern, auch von Salzwiesenpflanzen, zeichnet ein deutliches Bild von der Landwirtschaft und der damaligen Umwelt des Küstengebiets sowie von dem großen Einfluß der Nordsee. Der amphibische Charakter des Landes wird auch durch die frühen Importe von Steinen und Steinprodukten deutlich, die vom 11. bis zum Anfang des 13. Jahrhunderts in das Küstengebiet gelangten. In dieser Zeit erreichten viele Schiffe die küstennahen Orte, um ihre Ladung zu leichtern. Importiert wurden Sarkophage aus Sandstein, schwere trapezförmige Särge mit Deckeln, die aus den Buntsandsteingebieten des Mains stammten. Die dort in den Steinbrüchen schon fertig zugehauenen Sarkophage waren innen mit Mustern und christlichen Symbolen verziert, welche auch die Deckel schmückten. Sie gelangten in großen Mengen ins Land und sind auch heute noch häufig auf Friedhöfen – meist jedoch als Bruchstücke – zu finden. Ihr Verbreitungsgebiet reichte von den Niederlanden bis zu den Küsten Schleswig-Holsteins. In der Forschungsgeschichte wurde ihnen schon früh Aufmerksamkeit geschenkt. In einer von Friedrich von Quast 1871 herausgegebenen Schrift über solche Sarkophage mit dem Titel „Mittelrheinische Sarkophage und deren Ausbreitung am Niederrhein und an den Gestaden der Nordsee“

kommt ebenso das Erstaunen über den weiten Weg, den die Produkte zurückgelegt haben, wie das Bewußtsein zum Ausdruck, welche Rolle den Fluß- und Seeverbindungen zukam. Die Sarkophage dienten den wohlhabenden Schichten der Bevölkerung als Grabstätten. Neben den rheinischen Steinsärgen kamen auch aus dem näher gelegenen Bentheim Sarkophage und Taufsteine aus dem dort anstehenden gelben Sandstein ins niederländische und ostfriesische Küstengebiet, die aber anders als die rheinischen Waren in östlicher Richtung nicht über die damalige, inzwischen verlandete Harlebucht (Ostfriesland) hinauskamen.
Etwas später transportierte man auf den alten Handelswegen zu Wasser, d. h. auf den großen und kleinen Küstenflüssen sowie der Nordsee, auch noch ein anderes Produkt, das in vielen küstennahen Orten Einzug hielt. Dieses war der aus der Eifel stammende Tuffstein, der zunächst den Rhein entlang seinen Weg als Baumaterial für Kirchen und profane Gebäude fand und später bis in die weit entfernten Küstenorte der Nordsee von den Niederlanden bis nach Jütland gelangte.

Die große Zeit der Tuffsteinkirchen

Die Steinbrüche des Laacher Seevulkans lagen bei dem Ort Kruft, von wo aus die Steine nach Andernach und von dort per Schiff zu den Umschlagplätzen von Utrecht und Deventer gelangten, wo das Material zur Vermarktung zwischenlagerte. Es ist bekannt, daß im Jahre 1170 der Abt des Zisterzienserklosters Mariegaarde, Siebrand, nach Deventer reiste, um dort „dufsteen“ zu kaufen. Bei einer Ausgrabung in dem Küstenort Langwarden in Butjadingen konnte nahe der großen, dem heiligen Laurentius geweihten Tuffsteinkirche die Anlandestelle der Tuffsteine gefunden werden. In dem ehemaligen seichten Hafengebiet, an einem von der See ins Land führenden Priel gelegen, waren beim Entladen der Schiffe Tuffsteine ins Wasser gefallen, die in Steinbrüchen roh vorbearbeitet worden waren. Erst auf der Baustelle erhielten sie später die regelmäßig rechteckige Form in den Wandflächen sowie eine Bearbeitung zu Bogenfriesen oder Lisenen (schwach vortretende bandförmige Mauerverstärkungen), welche diese Bauwerke gliederten. Mit dem Tuffsteinexport verbreitete sich auch der im Rheinland entwickelte Baustil, denn nur die in den großen Bauzentren ausgebildeten Bauleute waren zunächst in der Lage, das Material werkgerecht zu verarbeiten und dabei die Bauweise von dort zu übertragen.

Von den vielen Tuffsteinkirchen ist nur wenig Substanz erhalten geblieben, weil sich das damals begehrte, sicher auch modische Baumaterial als nicht sehr witterungsbeständig erwies und einen frühen Verfall der Kirchen bewirkte. An vielen Orten waren deshalb die alten Tuffsteinkirchen schon im 13. Jahrhundert baufällig oder fielen kriegerischen Ereignissen zum Opfer, so daß Neubauten erforderlich wurden. Meist verwendete man dann das wertvolle Altmaterial beim Neubau der Kirche wieder, so daß beim Auftreten dieses Materials in Verbindung mit Backsteinen häufig auf Vorgängerbauten geschlossen werden kann, wie auch eine Reihe solcher archäologisch untersuchter Kirchen beweist.

Während in den Niederlanden eine große Zahl von ehemaligen Tuffsteinkirchen nachzuweisen oder noch vorhanden ist, sind im ostfriesischen

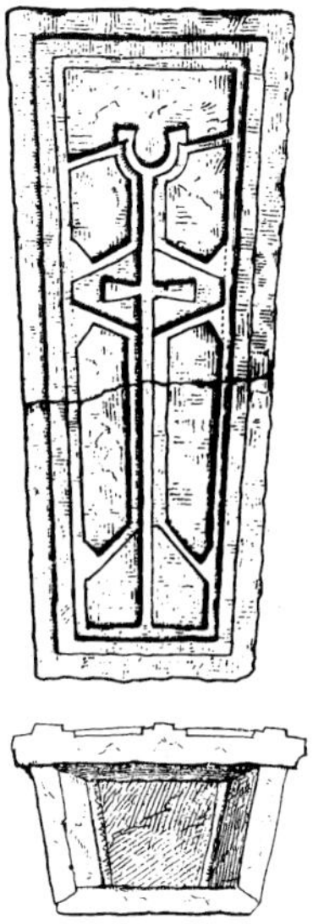

Wohlhabende Bürger an der Küste ließen sich gern in trapezförmigen romanischen Sarkophagen aus Sandstein bestatten. Die Deckel waren mit geometrischen Mustern verziert, deren Grundmotiv oft das christliche Kreuz bildete. Nach einer Zeichnung von Friedrich von Quast aus dem Jahre 1871

Küstenraum und weiter nach Schleswig-Holstein zu nur noch wenige Bauwerke erhalten. Die bedeutendsten Kirchen liegen in Arle (Ostfriesland), Langwarden (Butjadingen), Wremen (Land Wursten) und Keitum auf der Insel Sylt. Auf den Nordfriesischen Inseln sind häufiger Tuffsteinkirchen gebaut worden als auf dem schleswig-holsteinischen Festland. Hier wird noch einmal deutlich, welche Bedeutung der offene Seeweg für die Verbreitung des Materials hatte. Bei den niederländischen Tuffsteinkirchen zeigen sich neben dem rheinischen auch andere architektonische Einflüsse, wie z. B. an der Kirche von Hantum in Friesland, wo sogar westfranzösische Stilelemente nachzuweisen sind. In Ostfriesland und dem östlich angrenzenden Küstengebiet ist neben der rheinischen jene lombardisch inspirierte Architektur wirksam gewesen, die mit dem gleichzeitig auftretenden Backsteinbau verbunden war. Dieser Baustil trat um Verden (Niedersachsen) herum und im östlichen Schleswig-Holstein zuerst auf und kam dann mit den Kirchen in Hage und Victorbur bis ins ostfriesische Küstengebiet. Auch bei der Kirche von Keitum auf Sylt ist neben den streifenweise wechselnden Tuff- und Backsteinschichten der für die lombardische Architektur typische Kreuzbogenfries vorhanden, der auch die schon genannten Kirchen ziert. Diese Art des Mauerwerks und der Kreuzbogenfries in Verbindung mit dem mehr im Rheinischen verbreiteten Rundbogenfries tritt bei der Kirche von Blexen an der Wesermündung auf. Alle diese Kirchen verdanken ihre Entstehung der großen Zeit des Tuffsteinimports um 1200. Das nördlichste Verbreitungsgebiet des Tuffsteins liegt in Jütland bei Ribe, wo neben dem Dom des Hauptorts viele ländliche Tuffsteinkirchen bestehen, die teilweise auch

Landschaft bei der Kirche von Langwarden (Landschaft Butjadingen zwischen Wilhelmshaven und Bremerhaven) im Bereich der ehemaligen Anlandestelle der Tuffsteine für den Kirchenbau, die in der Eifel gebrochen wurden (oben)
Ostansicht der Tuffsteinkirche von Arle (Ostfriesland), die aus blasig-porösen vulkanischen Natursteinen gebaut wurde

Mischbauten mit anderem Material sind. Überhaupt kam das Material selten unvermischt zur Anwendung, deshalb gibt es nur wenige reine Tuffsteinbauwerke. Am interessantesten in diesem Zusammenhang ist die Verbreitung von Tuffstein im Gebiet von Schleswig, das als Nachfolger des Handelszentrums Haithabu bedeutsam war und dabei die alte Verbindung über Wasserwege und Land von der Nordsee her nutzte.

Die Granitquaderkirchen

Neben dem Tuffsteinkirchenbau bestand aber der größte Teil der kirchlichen Bautätigkeit in der Verwendung von bodenständigem Material wie Findlingen und Feldsteinen, die durch die Gletscher der Eiszeit im Untergrund abgelagert worden waren. Solche Findlinge sind schon in der Jungsteinzeit in den Megalithgräbern (Großsteingräbern) verarbeitet worden, die mit dem Beginn des Steinkirchenbaus im 12. Jahrhundert als Baumateriallager dienten. Die zumeist saalartigen Kirchen mit Quadrat-, Rechteck- oder Apsischören überzogen das Land in großer Zahl. Zu den aus kaum bearbeiteten Steinen gefügten Kirchen trat eine Bauweise hinzu, bei der die Findlinge zu Blendquadern (d. h. zur Verblendung) bearbeitet wurden, aus denen schwerpunktmäßig Granitquaderkirchen entstanden. Ein Baugebiet liegt im östlichen Teil der ostfriesischen Halbinsel, mit besonderer Dichte im Jeverland. Alle Kirchen haben hier den Grundriß eines Apsissaals. Sie sind äußerst schlicht mit rundbogigen Öffnungen und nur auf die Wirkung des Farbenspiels des Granits und der Formen der Werksteine in den Wandflächen, Fenstern und Portalen hin konzipiert. Dadurch entsteht der Eindruck wehrhafter Bau-

Die Granitquaderkirche St. Florian von Sillenstede im Jeverland wurde auf einer Warft erbaut. Sie hat ihre ursprünglichen Außenwände mit den kleinen romanischen Fenstern noch unverändert bewahrt.

Im Inneren der Kirche von Sillenstede fällt die reich gegliederte Wand zwischen Hauptschiff und Chor auf. Der große Bogen wird von zwei kleineren flankiert. Der spätmittelalterliche Flügelaltar zeigt eine Passionsdarstellung.

werke, die häufig auch zu Zufluchts- und Verteidigungsstätten während der vielen Fehden im Mittelalter wurden.

Das eindrucksvollste Beispiel dieser Granitquaderkirchen findet man in Sillenstede (Friesland). Der Außenbau mit seiner fast monotonen Fensterreihung und dem Quadermauerwerk vermittelt eine eindringliche Monumentalität. Innen wird, abweichend von anderen Bauwerken dieses Typs, der Chor in Form eines zusätzlichen Bogens abgetrennt, der beiderseits rundbogige Wandnischen aufweist, in denen Heiligenfiguren aufgestellt sind. Davor stehen an beiden Seiten des Bogens Ziborien (Altarbaldachine für die beiden Seitenaltäre). Im nordöstlichen Schleswig-Holstein ist dagegen eine von Jütland ausgehende Bauweise von Granitquaderkirchen mit reicher gestalteten Portalen und Apsisfassaden verbreitet, die den hohen Stand der Steinmetzkunst noch deutlicher erkennen läßt.

Entlang der Weser bestanden die Kirchen aus dem am Mittellauf des Flusses gebrochenen Sandstein, der wie der Tuffstein ebenfalls mit dem Schiff transportiert wurde und bis ins Nordseeküstengebiet gelangte. So fand dieses Material neben den ganz aus Sandstein gebauten Kirchen – besonders in Bremen und dem Unterwesergebiet – auch bei den frühen Feldsteinkirchen im Ammerland und im östlichen Mündungsgebiet des Flusses Verwendung, vereinzelt sogar bei den Granitquaderkirchen im Jeverland. Aber über die Harlebucht gelangte auch dieser Sandsteinimport nicht hinaus.

Immer wieder kam also den Wasserwegen der Nordsee und ihren Zuflüssen eine bedeutende Rolle bei der frühen Kirchenbauperiode des Hohen Mittelalters zu. Dieses änderte sich aber mit den vermehrt aufkommenden Backsteinkirchen im 13. Jahrhundert. Die erste Welle der Backsteinkirchen mit der mehr lombardisch geprägten Architektur des 12./13. Jahrhunderts verlief in Schleswig-Holstein in Ostseenähe und in Niedersachsen binnenländisch, mit Ausnahme einiger ostfriesischer Bauten, von denen schon die Rede war, und des interessanten, nach sächsischem Vorbild gebauten Westquerriegels der Schloßkirche in Varel.

Die Zeit der Backsteinkirchen

Die zweite Hälfte des 13. Jahrhunderts war die große Zeit der Backsteinkirchen im Küstengebiet. Nun kamen vielfältige Anregungen für die Architektur aus Frankreich. Diese waren im ganzen niederdeutschen Raum von Bedeutung, aber nirgends so stark wie im angrenzenden Gebiet der Niederlande und im ostfriesischen Küstenraum. So stellt sich die Frage nach dem Weg der Ausbreitung dieses Baustils. In den Niederlanden sind die Fassaden dieser Kirchen reicher gestaltet als im Westfälischen; ebenso im Westen des ostfriesischen Küstengebietes, so daß auf eine eigene Entwicklung in diesen Gebieten unter französischem Einfluß geschlossen werden kann.
Prägend für diese Architektur sind hoch aufsteigende, haubenförmige, mit Rippen unterlegte Gewölbe, sogenannte Domikalgewölbe, deren Heimat im westlichen Frankreich liegt, und reich mit Arkaden, Blendbögen, Fensterreihungen und Zierverbänden gegliederte Fassaden. Es sind imponierende Backsteinbauten, die in den Niederlanden und im ostfriesischen Gebiet oft ähnlich gestaltet sind, wie z. B. in Bunde und Zuidbroek. Weiterhin ist für diese Kirchen eine Zweischalig-

keit der Wände typisch, die im Innenraum als sogenannte Laufgangarchitektur in Form von Arkaden vor den Fenstern gestaltet wurde, was eine differenzierte Lichtführung bewirkt. In Ostfriesland sind viele Varianten dieses Kirchentyps bekannt, die wegen ihres schwerpunktmäßigen Auftretens auf regionale Bauhütten schließen lassen. So kommen in einigen Landesgebieten bestimmte stilistische Merkmale häufiger vor als in anderen. Während besonders im westlichen Teil der ostfriesischen Halbinsel und in den benachbarten Gebieten der Niederlande die Vielfalt dieser Architektur vorherrscht, nimmt sie nach Osten hin ab.

Neben vielen einschiffigen Dorfkirchen ist für das Küstengebiet Schleswig-Holsteins der Dom von Meldorf das bedeutendste Bauwerk dieser Art. Die Kirche besteht aus einem basilikalen Langhaus im gebundenen System – auf ein Mittelschiffsgewölbejoch kommen jeweils zwei Joche von den Seitenschiffen – mit einem Ostbau aus den vier quadratischen Raumteilen: Vierung, Seitenschiffe und Chor, die wie das Langhaus mit hoch aufsteigenden Domikalgewölben versehen sind. Zu diesem Kirchentyp gehörte auch die ehemalige Basilika von Marienhafe im Brokmerland – einem Gebiet mit ursprünglich vielen monumentalen Kirchenbauten – die 1829 wegen Baufälligkeit weitgehend verändert worden war. Von dem fünfgeschossigen Westturm trug man damals zwei Etagen ab, und von der Basilika blieb nur das Mittelschiff erhalten. Die Kirche war wegen ihres überreichen Figurenschmucks am Außenbau bedeutsam. Beim Abbruch zeichnete der damit beauftragte Baumeister Martens die Friese und Skulpturen in ein Skizzenbuch, das noch erhalten ist.

Nordostpartie der Kreuzkirche von Bunde (Ostfriesland)
Die Basilika von Marienhafe (Ostfriesland) in ihrer ursprünglichen Größe mit dem noch vollständigen mächtigen Westturm; ein Aquarell des Malers von Lengen aus der Zeit um 1800

In den Legenden und Überlieferungen spielt die Kirche eine große Rolle für das geschichtliche Umfeld der Nordsee. Hier befand sich ein Stützpunkt der im 14. Jahrhundert berühmten Seeräuber Klaus Störtebeker und Gödeke Michel, denn im Jahre 1397 öffnete der Häuptling Widzeld den Likedeelern oder Vitalienbrüdern den Hafen des damals mit der Nordsee verbundenen Ortes als Schlupfwinkel für ihre Kaperfahrten. Es ist gut vorstellbar, daß der 70 Meter hohe Turm der Kirche als Seezeichen und Ausguck diente. Auch das Beutegut soll im Turm gelagert worden sein. Darüber hinaus haben nach Beningas „Cronica der Fresen“ Störtebeker und Gödeke Michel etliche tausend Gulden zur Renovierung der Kirche beigesteuert.

In den unruhigen Zeiten des 14./15. Jahrhunderts, die in den Küstenregionen von Häuptlingsherrschaft bestimmt waren, kam es häufig zu Kriegen, auch um Kirchen und Kirchtürme, von denen damals viele zerstört wurden. Besonders eindrucksvoll spiegelt das die Turmruine von Reepsholt wider, die 1474 dadurch entstand, daß die Soldaten der Gräfin Theda von Ostfriesland den Turm, in dem sich die Gefolgsleute des Amtmanns von Friedeburg verschanzt hatten, belagerten und weitgehend vernichteten. Eine Ausgrabung vor einigen Jahren förderte Spuren dieses Ereignisses zutage. Im Turm wurden eine Feuerstelle mit den Skelettresten eines Schweins sowie verstreute Armbrustbolzen und ein dolchähnliches Messer gefunden.

Auch das Meer machte den Menschen in dieser Periode sehr zu schaffen, es war die Zeit der großen Sturmfluten, die zu erheblichen Landverlusten führten. Ganze Regionen wurden verwüstet, und Siedlungen und Kirchen gingen unter; besonders

im Jadegebiet entstanden große Schäden an den Kirchenbauten.
Erst gegen Ende des 15. Jahrhunderts setzte ein letzter Aufschwung der mittelalterlichen Bautätigkeit ein. Neben Veränderungen der alten romanischen Kirchen, die an Stelle der Apsis größere Chöre erhielten, die wegen einer größeren Anzahl von Altären notwendig wurden, kam es auch zu Neubauten. Es herrschte jetzt der später „gotisch" genannte Baustil mit seinen spitzbogigen Formen, großen Fenstern und Stützpfeilern vor. Um 1450 entstand in Norden, Ostfriesland, eine nach französischem Kathedralvorbild entwickelte basilikale Choranlage, wie sie auch in Groningen zu finden ist und im nordfranzösischen Ursprungsgebiet schon im 13. Jahrhundert vorgebildet worden war. Die auf den Backstein übertragenen Formen sind in Norden einfacher und der späten Zeit entsprechend stilistisch modifiziert, jedoch noch den alten Vorbildern verbunden.

Sehenswerte Kirchen im deutschen Küstenraum

Jürgen Newig

Die Kirchen an der Nordseeküste besitzen ihren eigenen Charme, waren sie doch nicht nur Sakral-, sondern zugleich auch Zweckbauten, d. h. Landmarken für die Seefahrt, und so wurden in dieser kleinen Zusammenstellung vor allem solche ausgewählt, die auch als Seezeichen gedient haben, und selbst von diesen gibt es so viele, daß hier nur eine kleine Auswahl vorgestellt werden kann.

Die Kirchen der „heiligen Linie"

Wir beginnen unsere Reise im Norden und enden im westlichen Ostfriesland. Nach einer alten Sage errichtete ein englischer Kirchenbaumeister die Kirchen von Keitum auf Sylt, Nieblum auf Föhr, Pellworm auf der ehemaligen Insel Strand und Tating auf Utholm. Er konnte auf seinem Schimmel von einer Baustelle zur anderen reiten. Die Kirchen sollen in einem Abstand von drei Meilen auf einer Luftlinie liegen.

Die Sage spricht für eine Seezeichenfunktion der heiligen Linie, denn es wird von Kirche zu Kirche jeweils eines der markanten Tiefs überbrückt, die schon zur Erbauungszeit der Kirchen existiert haben dürften: das Hörnum-Tief, das Aue-Tief und der Heverstrom.

Da man heute weiß, daß alle Kirchen sogenannte Tuffsteinkirchen sind, d. h. unter anderem aus vulkanischen Ablagerungsgesteinen der Eifel erbaut worden sind (für Tating nur indirekt zu erschließen), ist auch die in der Sage angesprochene Gleichzeitigkeit der Bauten sehr wahrscheinlich, denn die Tuffsteinkirchen in diesem Raum entstanden vorwiegend in den Jahrzehnten um 1150, d. h. bis zum Beginn des Backsteinbaus in Schleswig-Holstein. Die weiterhin erwähnte

Luftliniengenauigkeit ist verblüffend, d. h. die Kirchen stehen mit geringer Abweichung wirklich in einer Linie, während die Abstände nach heutigen topographischen Maßstäben nicht sehr gleichmäßig sind.

Keitum

Schon vom Hindenburgdamm, der Sylt mit dem Festland verbindet, kann man die Keitumer Kirche erblicken, früher die einzige bedeutende Landmarke der Insel für das Wattenmeer weit und breit; und das Wattenmeer war die Hauptverkehrsader. Passiert man nun Keitum, so scheint die St.-Severin-Kirche wie ein Schiff auf dem Kamm einer Welle zu liegen, auf einer natürlichen eiszeitlichen Ablagerung, die bereits das Kirchenschiff hoch über die Umgebung heraushebt – und vor allem den Turm, für dessen Unterhalt als Seezeichen die Gemeinden jahrhundertelang beizutragen hatten. Der unverbaute Blick in alle Richtungen fasziniert jeden Betrachter. Er erblickt zuerst den alten Friedhofswall, an dessen Nordende die Grabplatten der alten Seefahrer stelenartig aufgestellt sind. Schließlich lädt der mit einem Granitpflaster belegte Weg zu einem Gang um die Kirche ein, den man am besten vom südlichen Friedhofseingang mit Blick auf den Turm und das Kirchenschiff in östlicher Richtung beginnt. Im Südosten des Chors wurde vor einigen Jahren im Zuge einer Renovierung ein riesiger flacher Granitstein zu einer Brunnenschale umfunktioniert. Der Stein stammt aus dem Aushub vor dem Nordportal der Kirche. Es ist nicht ausgeschlossen, daß er beim Kirchenbau hier vergraben wurde und noch aus heidnischer Zeit stammt. Von diesem Platz aus erblickt man die Apsis, den

östlichen Abschluß der Kirche, einen kleinen, halbrunden Vorbau. Aus der Bauzeit der Kirche dürfte noch die Umrandung des noch erhaltenen kleinen romanischen Rundbogenfensters stammen. Die Apsis trägt ein uraltes Bleidach. Auch der beinahe quadratische Chor ist bleigedeckt, allerdings erst seit der Restaurierung. Zu ihm führt durch einen kleinen späteren Südanbau eine altertümliche Holztür mit einer gut erhaltenen Tuffsteineinfassung. Auch das westlich anschließende Kirchenschiff hat sein Bleidach wieder erhalten. Schiff, Chor und Apsis sind romanisch und stammen aus dem 12. Jahrhundert, Turm und südliche Vorhalle wurden später erbaut.
Der Turm aus Backstein trägt ein Satteldach, das im Dezember 1999 vom Sturm „Anatol“ arg mitgenommen und wieder neu eingedeckt wurde. In seinem Innern sind noch viele Feldsteine eingemauert, vielleicht ein Hinweis auf einen früheren Turm oder ein Seezeichen aus der heidnischen Zeit. Mitten in der Westwand befinden sich zwei spiegelbildliche Natursteine. Sie sollen der Sage nach von den Nonnen Ing und Dung gestiftet worden sein und auch ihr Abbild darstellen. Der Name des nördlich der Kirche gelegenen „Munkmarsch“ weist noch auf ein Kloster hin. Man glaubt, daß es sich bei diesem Stein um einen Runenstein handeln könnte, den man gesplittet und dessen Außenseiten man nach innen gewendet hat. Neuerdings kann man die Kirche – außer durch die einander gegenüberliegenden Nord- und Südportale – auch durch den Turm betreten. Die Ausstattung entspricht der der friesischen Seefahrerkirchen der Umgebung: Ein einziges Kirchenschiff mit zwei Sitzreihen und Mittelgang, rechts an der Chorwand die Kanzel, links der Taufstein – übrigens ein schönes romanisches

Die Keitumer St. Severinkirche auf Sylt, ein typisches Beispiel einer Tuff-Bleidach-Kirche aus der Zeit um 1200. Sie liegt auf einer 10 m hohen Altmoränenkuppe, und ihr Turm ist ein markantes Seezeichen. Sie ist das nördlichste Gotteshaus der sogenannten „heiligen Linie", auf der auch die Kirchen von Nieblum, Pellworm und Tating liegen.

Exemplar, das auf einem Sockel ruht, dessen Ecken vier Löwen einnehmen. Die Kumme ist aus Bentheimer Sandstein und wird bestimmt durch ein Wellenrankenband.
In der Altarplatte fand man ein Reliquienkästchen aus Blei. Der Altaraufsatz zeigt im Mittelteil Gottvater mit dem erwachsenen, aber auffällig klein gehaltenen Jesus, links davon Maria. Rechts steht ein Bischof, der Schutzheilige der Kirche, St. Severin aus Köln.

Nieblum

Die zweite Kirche der heiligen Linie ist St. Johannis zu Nieblum auf Föhr, der sogenannte „Friesendom", dessen Bezeichnung Respekt vor der ungewöhnlichen Größe und seiner Funktion als ehemaliger Hauptkirche der Harde ausdrückt.
Der ursprüngliche Teil der Kirche, die vielleicht die Größe der Keitumer Kirche gehabt haben mag und auch wie diese auf granitenen Sockelquadern ruhte, hat im Laufe der Zeit durch den Umbau zu einer großen Ziegelsteinkirche mit Querschiff große Veränderungen erfahren. Die Quader wurden im Erweiterungsbau an verschiedenen Stellen wieder verwendet, und auch das schöne Tympanon (Bogenfeld) eines der Eingänge ist wieder sichtbar in die Südwand eingemauert worden.
Freunde alter Taufsteine kommen in Nieblum voll auf ihre Kosten. Hier steht eine der schönsten romanischen Löwentaufen der jütischen Halbinsel. Auf der einen Seite halten zwei Löwen einen Menschen in ihren Pranken, auf der anderen Seite kämpft ein Krieger mit einem Ungeheuer.
Beachtenswert ist auch der sehr breite spätgotische Flügelaltar mit der figürlichen Darstellung der Marienkrönung in der Mitte. Eine reich ver-

Die St. Johanniskirche in Nieblum auf Föhr mit ihrem hoch aufragenden Westturm hat noch auf Apsis und Turm das Bleidach bewahrt.
Der romanische Granit-Taufstein der St. Johanniskirche gehört zu den schönsten an der Westküste. Man erkennt zwei Löwen, die einen Menschen in den Pranken halten.

zierte Renaissance-Kanzel nimmt die Südwestecke der Vierung ein. Sie ist mit 1618 datiert. In acht Feldern sind biblische Szenen wiedergegeben, beginnend mit dem Sündenfall und endend mit dem Jüngsten Gericht.
Unter den zahlreichen weiteren Objekten, die eine Betrachtung lohnen, sollen vor allem die ornamentierten Grabplatten hervorgehoben werden, von denen sechs im Chorteil zu bewundern sind und zahlreiche weitere um die Kirche herum und auf dem Friedhof.

Pellworm

Mit einem Sprung über das Aue-Tief gelangen wir zur Alten Kirche von Pellworm, deren Turm damals in den weiten Watten von unübertroffener Höhe war. Wie eine gewaltige Schachtel ragt die wuchtige Ruine in die Höhe. Der Turm steht heute etwas isoliert vor der Kirche auf einer Warft; seine Fundamente reichen jedoch bis auf den flachen Marschboden. Als er im Jahre 1611 einstürzte, beschädigte er den westlichen Teil des Kirchenschiffs. Der Ostteil des Turmes brach völlig weg, und der obere Teil mit der Turmhaube wurde in die Tiefe gerissen. Auf der Karte von Wittemak, die 1640 gezeichnet wurde, ist der Turm noch unversehrt abgebildet und scheint ein Satteldach getragen zu haben, das mit seinen Spitzen nach Osten und Westen weist, so wie es auch bei anderen genannten Türmen von Keitum und Nieblum der Fall ist. Der Seefahrer erblickte also aus den genannten Himmelsrichtungen ein Dreieck, aus Norden und Süden jedoch einen waagerechten Abschluß. Einige Autoren nehmen allerdings einen spitzen Turmhelm an. Möglicherweise ist das Einsturzunglück dadurch mitverursacht

Wie ein riesiges Fossil steht der Turm der alten Kirche von Pellworm (oben) mit einem gewissen Abstand von der Kirche, denn im Jahre 1611 stürzte der Ostteil ein. Er ist das bedeutendste mittelalterliche Seezeichen im Bereich des nordfriesischen Wattenmeeres.

Im Kirchenschiff der alten Kirche von Pellworm hat die berühmte Arp-Schnitger-Orgel von 1711 (rechts) bereits zahlreiche Organisten aus Deutschland und Übersee angelockt, die die regelmäßig im Sommer stattfindenden Orgelkonzerte gestalten.

worden, daß in dem Turm hausende Seeräuber, z. B. der sagenhafte Cord Widderich und seine Mannen, tragende Balken entfernt hatten, weil sie Feuerholz brauchten. Cord Widderich soll es auch gewesen sein, der den alten Taufstein aus der Kirche raubte und anschließend nach Büsum verkaufte. An dieser Stelle steht jetzt eine reich ornamentierte Bronzetaufe mit vier Diakonen als Tragefiguren aus dem Jahre 1475, die angeblich von der 1634 untergegangenen Strander Kirche Buphever stammt. Ein Prunkstück ist die Arp-Schnitger-Orgel von 1711. Bekannte Organisten aus aller Welt geben hier ihre Konzerte. Der dreiteilige gotische Flügelaltar vom Ende des 15. Jahrhunderts ist mit zahlreichen Figuren versehen. Auffällig ist das stark überhöhte Mittelstück mit einer Kreuzigungsszene (und zahlreichen Trauernden). In sechs weiteren Feldern sind Passionsszenen dargestellt.
Die Gesamtanlage der Kirche ähnelt der der Keitumer; die Tuffsteinmauer der Apsis wurde 1913 wieder erneuert. Ein Dachreiter schmückt den Ostabschluß des Kirchenschiffs, dessen Vorgänger bereits auf der Karte von Wittemak erkennbar ist.

Tating

Mit der St.-Magnus-Kirche in Tating erreichen wir das südlichste Bauwerk der heiligen Linie. Tating war der Hauptort der Insel Utholm, heute ein Teilstück der Halbinsel Eiderstedt. Auf dem Platz des heutigen Gotteshauses wurde die erste Kirche auf Eiderstedt – im Jahr 1103 aus Holz gebaut – errichtet. Schon bald wird sie durch einen Neubau aus Stein ersetzt worden sein. Ein altes Siegel zeigt den Steinbau in der klassischen Form mit Turm, Schiff, Chor und halbrunder klei-

Inneres der Tatinger St. Magnuskirche (oben). Rechts die Kanzel von 1601, in der Mitte der dreiteilige spätgotische Schnitzaltar, links die Nordemporen mit Gemälden, die Szenen aus dem Alten und Neuen Testament zeigen

Der Turm der Tatinger Kirche wurde in der Barockzeit umgestaltet und ähnelt dem der Tönninger Kirche. Auf dem Platz dieser Kirche wurde 1103 das erste Gotteshaus Eiderstedts, eine Holzkirche, geweiht.

ner Apsis. Letztere ist archäologisch nachgewiesen. Die schräg gestellten parallelen Stege auf dem Dach dürfte die Falze der Bleibedeckung darstellen.
Hauptschiff und Chor sind noch aus der romanischen Zeit, der Chor stammt wohl aus der Erbauungszeit der ersten Steinkirche. Der Westwandbereich sowie der Apsisausbau sind neu. So können wir aus dem Gesamtbild auf einen ursprünglichen Bau der Tuffsteinzeit des 12. Jahrhunderts schließen. In die erweiterte Apsis paßt sich sehr schön der Altar ein. Der Flügelaltar besteht aus einer figurenreichen Kreuzigungsszene, die das gesamte Mittelfeld einnimmt. In den Flügeln stehen die zwölf Apostel, jeweils drei in einem Feld. Auffällig ist der obere Abschluß des Altars in Form von relativ großen Palmetten – ein sehr ungewöhnliches Stilelement. Bis in die zwanziger Jahre hinein gab es auch einen Lettner zwischen Chor und Hauptschiff. Einige Gemälde seiner Emporenbrüstung stehen jetzt unter der Westempore.

Von der Halligkirche bis zum Ostfriesendom

Oland

Als zweitkleinste Gemeinde Schleswig-Holsteins (nur die Hallig Gröde ist kleiner) besitzt Oland nur eine einzige Warft mit fünfzehn Häusern. Eine Kirche hatte Oland schon lange, und es ist zu vermuten, daß es schon in romanischer Zeit eine gab, denn Oland ist als „Aland“ bereits in der ersten Hälfte des 13. Jahrhunderts zu den bedeutenden Inseln gezählt worden, wie uns eine Liste des dänischen Königs Waldemar II. verrät. Die Kirchenvorgänger standen nicht an der jetzigen

Der Raumeindruck der Tönninger St. Laurentiuskirche wird zu einem guten Teil durch die reich bemalte Tonnengewölbedecke bestimmt. Ein Lettner trennt das Schiff in voller Breite vom Chorteil.

Die kleine Halligkirche von Oland wurde mitsamt ihrem freistehenden Glockenstapel auf einer Warft errichtet. Dem reetgedeckten Bau sieht man nicht an, daß er im Inneren eine reichhaltige Ausstattung beherbergt.

Stelle, sondern wohl irgendwo zwischen Langeneß und Oland im heutigen Wattenmeer. Die heutige Saalkirche stammt erst aus dem Jahre 1824, hat aber schon den schweren Fluten von 1825, 1962 und den weiteren getrotzt. Tritt man in den winzigen Kirchenraum, so fühlt man sich in viel frühere Zeiten versetzt, und das liegt nicht zuletzt daran, daß einige Einrichtungsgegenstände aus den Vorläuferkirchen und wohl auch aus untergegangenen benachbarten Kirchen hierher gerettet worden sind. Der Taufstein stammt noch aus der romanischen Zeit. Sehr alt ist auch das Kruzifix, genauer: der Körper; das Kreuz wurde später erneuert. Der Altar ist nur klein und relativ neu, aber seine eichenen Schnitzfiguren aus der zweiten Hälfte des 15. Jahrhunderts sind fein ausgearbeitet. Man vermutet, daß sie ursprünglich von zwei verschiedenen Altären stammen. Ein Votivschiff mit der Bezeichnung „Olandts Wolfar“ von 1733 erinnert an die große Zeit der Handelsschiffahrt. Außerhalb der Kirche weist ein Glockenstapel (freistehender Glockenturm) auf die Bedeutung des unscheinbaren Gebäudes hin. In seiner Nähe kann man den Grabstein von Wilhelm Lobsien finden, dem Dichter, der sich in seinem Werk besonders dem Halligleben verbunden fühlte.

Tönning

Der Backsteinbau mit dem markanten gotischen Westturm und seinem zweigeschossigen Barockhelm von 1703/08 hat noch eine einzige Wand aus der romanischen Zeit bewahrt, die Nordwand, in der noch Rundbogenfriese aus Tuffstein zu finden sind. Die erste Erwähnung stammt aus dem Jahre 1186. Im 17. Jahrhundert erfolgte die Umgestaltung des Innenraumes der St.-Lauren-

tius-Kirche zu einer Barockkirche. Turmneubau und Umbau waren erforderlich geworden, da die Kirche im Nordischen Krieg im Jahre 1700 schwer gelitten hatte. Zu seiner Zeit war der Turm der höchste im ehemaligen Herzogtum Schleswig. Erst viel später wurde er vom Schleswiger Domturm überragt.
Im Innern ist die reiche barocke Ausstattung sehenswert, vor allem die Deckengemälde auf dem durch Schiff und Chorteil durchgehenden Tonnengewölbe. Es wurde 1704 mit Szenen aus dem Leben Christi bemalt. Die Kunsttopographie Schleswig-Holstein nennt: Jahwe Lamm (Mitte oben), musizierende Engel (Westen), Christus auf dem Berg Tabor und Bergpredigt (Mitte seitlich), Engel über der Taufe (Osten), Fußwaschung (Chorhaupt). Damit gehört die Tönninger Kirche zu den bedeutendsten Barockkirchen an der Westküste.
Ein Lettner zwischen Chor und Hauptschiff gehört ebenfalls zu den Besonderheiten der Kirche. An sich waren Lettner in der vorlutherischen Zeit ein häufig anzutreffendes Merkmal, sollte doch dieses architektonische Element die im Chor sitzende Geistlichkeit von den im Hauptschiff sitzenden Laien trennen. Ungewöhnlich ist jedoch, daß ein Lettnerneubau noch so lange nach der Reformation erfolgte (1635).

Meldorf

Der „Meldorfer Dom“, so wird die St.-Johannis-Kirche gern genannt, ist wohl nie eine Bischofskirche gewesen, aber sie gehört nach Alter und Größe zu den ehrwürdigsten Bauten an der Küste und wird auch gern der bedeutendste mittelalterliche Kirchenbau an der Westküste Schleswig-Holsteins genannt.

Die Kirche liegt weithin sichtbar hochwasserfrei auf einer in die Marsch vorragenden Geestkuppe. Das erste Gotteshaus an dieser Stelle stammt bereits aus der Phase der frühen Missionierung in der Karolingerzeit, also aus der ersten Hälfte des 9. Jahrhunderts – so wie auch diejenigen von Schenefeld und Heiligenstedten bei Itzehoe. Im 13. Jahrhundert wurde der Feldsteinbau durch eine dreischiffige Backstein-Basilika mit Querschiff ersetzt, jedoch sind einige Fundamentteile des alten Baus noch erhalten. Die Kirche wurde zwar nach einem Brand im Jahre 1896 äußerlich verändert, vor allem der Turm, ist aber im Innern noch weitgehend im alten Stil erhalten. Die bronzene Taufe ruht auf drei Figuren und dürfte noch aus der Anfangszeit des Backsteinbaus stammen. Ein Lettner im Renaissancestil wurde erst 1603 von H. Peper eingebaut. Dieses Chorgitter vermittelt ein eindrucksvolles Bild, lebt aber zugleich auch von dem Kontrast zwischen dem Balustradengitter, das begrenzte Durchblicke gewährt, und dem geschlossenen Aufsatz mit seinen zahlreichen geschnitzten Halbrelief-Figuren in rechteckigen Feldern. Das Mittelstück wird gekrönt durch ein hoch aufragendes Kruzifix. Einige Mauernischen an den Kirchenwänden weisen darauf hin, daß es hier früher eine Reihe von Altären gegeben hat. Einer davon war der heiligen Gertrud gewidmet, der Schutzpatronin der Reisenden. Die Figur der Heiligen ist noch erhalten. Sehr wertvoll sind die Deckenmalereien im gotischen Stil. Sie befinden sich in den Gewölben des Querschiffs, vor allem im Nordteil. Die Größe und Pracht dieses Baus ist nicht denkbar ohne den Wohlstand und die politische Unabhängigkeit der Dithmarscher Bauern, die ihr Land bis in das 16. Jahrhundert hinein selbst verwalteten.

118/119

Die St. Johanniskirche in Meldorf aus dem 13. Jahrhundert wird von alters her als „Meldorfer Dom“ bezeichnet. Sie steht an der Stelle einer der frühesten Kirchen Schleswig-Holsteins aus karolingischer Zeit. Ihr heutiger Hauptaltar stand früher in einer Seitenkapelle. Die bemalten Seitenfelder heben sich deutlich vom geschnitzten Mittelteil ab, dessen großes Feld eine sehr dynamische Kreuzigungsszene enthält.

Blexen

Mit der Kirche von Blexen haben wir das Zentrum der Deutschen Bucht nach Süden übersprungen. Eingeklemmt zwischen Wesermündung und dem Jadebusen liegt die Halbinsel Butjadingen. Im Osten drängt ein Landvorsprung die Weser ein wenig in Richtung der Stadt Bremerhaven ab. Auf diesem Vorsprung erhebt sich die in mehrfacher Hinsicht bedeutende Kirche von Blexen. Der mächtige Backsteinturm mit seinen eineinhalb Meter dicken Mauern trägt heute einen schlanken Helm. Die Funktion des Turms als Seezeichen ist gerade an dieser Stelle, wo die Schiffer auf den Knick in der Weser hingewiesen werden mußten, besonders gut nachvollziehbar.
Hier wurde schon sehr früh ein Heiligtum errichtet. Man vermutet, daß es dem germanischen Wettergott Thor gewidmet war, und gerade diese Tatsache könnte den Missionar Willehad, einen aus England stammenden bedeutenden Prediger, hierher geführt haben. Man glaubt, daß die erste Holzkirche, erwähnt 814 und abgebrannt um 1000, an dieser Stelle auf seine Initiative hin entstanden ist. Hier ist Willehad auch eines natürlichen Todes auf einer Missionsreise gestorben. Erst zwei Jahre zuvor war er Bischof geworden. Ihm wurde das Bistum Bremen übertragen, der Stadt, in der er auch beigesetzt ist.
Die St.-Hippolyt-Kirche in Blexen wurde als Steinkirche wahrscheinlich schon im 11. Jahrhundert mit dem Chorteil begonnen. Die Apsis wurde später wieder entfernt. Im 12. Jahrhundert folgte wohl das Schiff. Zum Bau wurden ausschließlich Sandsteine und Tuff verwendet. Die Bedeckung erfolgte mit Blei. Bei Ausgrabungen fand sich in der Nähe der Nordtür der Rest einer Schmelz-

St. Hippolytkirche in Blexen. Rechts die Kanzel aus dem Jahre 1638 von Johann Münstermann, ganz hinten an der Ostwand der Altar mit den aufgesetzten vier Evangelistenfiguren von Münstermanns Vater Ludwig, links die Nordempore

Über dem eigenwilligen Taufstein rechts die Nordempore, die hinten als Westempore fortgeführt ist, verziert mit zahlreichen Gemälden mit biblischen und symbolischen Motiven in drei Epochen seit der Mitte des 17. Jahrhunderts. Über der Westempore die Orgel von 1684

grube für das Blei aus dem 13. oder 14. Jahrhundert. Viele Besucher der Kirche, vor allem Fachleute, kommen wegen des Altars. Im Sockelteil findet sich ein auf Holz gemaltes Abendmahlbild. Das Hauptbild darüber ist ein Ölgemälde der Verklärung Christi, eine Kopie des im Vatikan befindlichen Originals von Raffael aus dem Jahre 1520, ausgeführt von Ludwig Strack d. J. (1806–1871). In den Aufsatz auf dem Hauptkörper des Altars wurde ein deutlich kleineres Ölgemälde eingearbeitet – eine weitere Kopie Stracks nach Raffael –, nämlich die Sixtinische Madonna, allerdings allein beschränkt auf die Madonna mit dem Kind.

Eine Besonderheit stellen aber vor allem die etwa 85 cm hohen geschnitzten Evangelistenfiguren von Ludwig Münstermann dar, die allein schon den Besuch der Kirche rechtfertigen. Leider sind sie so hoch (in Höhe der Madonna) angebracht, daß es schwierig ist, mit bloßem Auge die Gesichter in ihrer vollen Ausdrucksstärke wahrzunehmen, weshalb sich die Mitnahme eines Fernglases empfiehlt. Von links nach rechts sind es Matthäus mit einer menschlichen Figur, Markus mit dem Löwen am Fuß, Lukas mit dem Stier und Johannes mit dem Adler. Ein Stockwerk tiefer flankieren eine Mosesfigur und eine von Johannes dem Täufer das Hauptaltarbild.

Die reich verzierte Kanzel – an der Wand zum Chor rechts im Hauptschiff – wurde von Johann Münstermann geschaffen, und zwar im Jahre 1638. Im hoch aufragenden Schalldeckel über der Kanzel ist unter anderem auch der Missionar Willehad auf einem Medaillon abgebildet.

Das Taufbecken trägt die Jahreszahl 1642 und wäre an sich nicht besonders erwähnenswert, wenn es nicht die Sockelfigur gäbe, der man die

Mühe, das Becken zu tragen, anzusehen glaubt. Es heißt, daß sie Martin Luther darstellen könnte, aber das möge der Betrachter selbst entscheiden. Schließlich lohnt die Betrachtung der Orgel im Westen der Kirche, die Ende des 17. Jahrhunderts eingebaut wurde und trotz vieler Änderungen das ursprüngliche Aussehen bewahrt hat. Die Gemälde der Nord- und Westempore entstanden seit der Barockzeit in verschiedenen Phasen.

Schortens

Die Kirche von Schortens, gelegen zwischen Jever und Wilhelmshaven im Jeverland, soll im Jahre 1149 nach einem Sieg der Östringer über die Wangerländer begonnen und 1158 vollendet worden sein. Sie erhebt sich auf einer kleinen Geländekuppe über die Umgebung und ist innen fast 40 m lang. Es heißt, daß die Kirche die älteste im gesamten Jeverland sei, und sie ist auch die einzige, in der in größerem Maße Tuffstein verwendet wurde. Der Sockel besteht aus Granitquadern, wie bei vielen anderen Tuffsteinkirchen zwischen den Niederlanden und Dänemark.
Das Gotteshaus brannte nach einer Fehde 1361 ab, wurde aber wieder aufgebaut. Es ist nur einschiffig und schließt mit einer halbrunden Apsis nach Osten ab. Der Chorteil hat die Breite des Hauptschiffs, wird aber durch einen Lettner aus der Zeit um 1400 deutlich vom Hauptschiff abgetrennt, der dreibogig bis etwa auf die Hälfte der Kirchenschiffhöhe in Formsteinen aufgemauert ist und von einem breiten Band einer Holzvertäfelung nach oben abgeschlossen wird. Dessen nördliches Ende geht in eine an der Nordwand angebrachte Empore über, die das Prinzip der Holzfelder weiterführt, die mit Bildern von Aposteln,

Evangelisten und weiteren Heiligenfiguren versehen sind. Der durch das Täfelungsband erzeugte horizontale Raumeindruck wird verstärkt durch die einfache Balkendecke, die dicht über dem oberen Abschluß der Rundbogenfenster angebracht ist.

Außerordentlich eindrucksvoll präsentiert sich der prachtvolle Flügelaltar aus Eiche, der um die Mitte des 15. Jahrhunderts entstanden sein dürfte. Er zeigt im Mittelteil ein großes zentrales Feld mit der Kreuzigung Christi, an das sich rechts und links ein schmaleres und ein breiteres Feld mit figürlichen Darstellungen der Lebensstationen Christi anschließt. So ist der feste Mittelteil fast so breit wie ein gewöhnlicher Flügelaltar in ausgeklapptem Zustand. Entsprechend ausladend sind auch die Seitenflügel.

Insgesamt ähnelt der Raumeindruck der Kirche demjenigen der zeitgleichen Granitquaderkirche von Buttforde im Harlingerland, die auch einen vergleichbaren Lettner aufweist.

Norden

Die mitten in der Stadt gelegene, aus dem 13. Jahrhundert stammende Ludgerikirche ist mit rund 80 m Länge die größte Kirche Ostfrieslands und hat eine komplizierte Baugeschichte, die ihre eigenartige Gestalt und den charakteristischen Wechsel der Raumhöhen erklärt: Das relativ niedrige, breite Hauptschiff und der ausgedehnte Chor-Apsisteil wurden zu Anfang des 14. Jahrhunderts ergänzt durch ein Querschiff und im 15. Jahrhundert durch einen gewaltigen aufstrebenden Hochchor, der sich in einem großen Bogen um den alten Chorteil legt. Wie auch auf Pellworm gibt es eine wertvolle Arp-Schnitger-Orgel,

Die Ludgerikirche in Norden (Ostfriesland) aus dem 13. Jahrhundert mit dem hoch aufragenden Chorteil hinter dem Querschiff
Der halbrunde gewaltige Chorteil der Ludgerikirche mit Blick nach Osten. Den Hochchor ließ Graf Ulrich Cirksena im 15. Jahrhundert erbauen.

die in den 80er Jahren des 17. Jahrhunderts erbaut wurde und in eigenartiger Weise am Vierungspfeiler zwischen Chor und Südteil des Querschiffs angebracht ist.

Pilsum

Am östlichen Ufer des Mündungsbereiches der Ems liegt in der flachen Marsch der Landschaft Krummhörn dicht an der Nordseeküste der winzige Ort Pilsum, der überragt wird vom weithin sichtbaren massigen quadratischen Turm der Backsteinkirche. Dieser ist nun nicht, wie üblich, ein Westturm, sondern ein Vierungsturm aus dem 14. Jahrhundert zwischen den Querschiffen im östlichen Teil der Kirche. Hierin zeigt sich ein Einfluß Frankreichs, insbesondere der Normandie. Sehr originell ist seine Fassadengliederung, die durch den weißen Anstrich der zurückspringenden Teile in ästhetisch ansprechender Form hervorgehoben wird. Die Lage auf der Warft brachte es mit sich, daß der Turm statisch immer problematisch war. So mußte man schon im Mittelalter die schweren Glocken entfernen und in einem gesonderten Glockenstapel im Osten der Kirche unterbringen.
Der gesamte Bau liegt wegen der Meeresnähe auf einer Warft und stammt aus dem frühen 13. Jahrhundert. Bemerkenswert sind der barocke Altar sowie einige zwischenzeitlich übertünchte wertvolle Wandmalereien. Teile der Darstellung des Jüngsten Gerichts sind zwischen Langhaus und Vierung zu erkennen. Die Kanzel wurde 1704 in der Emdener Werkstatt von Peter Husmann geschaffen und erinnert an einen Schiffsbug.
Zu den Kostbarkeiten der Kirche gehört auch die Bronzetaufe, die 1436 von Hinrich Klinghe

Die Kirche von Pilsum (Landschaft Krummhörn) zeichnet sich durch die ungewöhnliche Stellung des massiven Turmes aus. Als Vierungsturm erhebt er sich im Schnittbereich von Haupt- und Querschiff. Sehr apart sind seine leicht eingezogenen weiß getünchten geometrischen Felder, die einen reizvollen Kontrast zum Mauerwerk bilden.

Inneres der Kirche von Marienhafe (siehe S. 101). Man spürt noch ein wenig von dem imposanten Eindruck, den die Kirche vor ihrer Verkleinerung und dem Teilabriß ihres Turmes bot.

geschaffen wurde. Sie wird von vier Figuren mit langen Gewändern und Tierköpfen getragen und ist mit zahlreichen Halbreliefs zwischen umlaufenden Schriftbändern verziert.
Die Kirche gehört der evangelisch-reformierten Gemeinde, die die Lehren von Calvin in den Mittelpunkt stellt. Deshalb gibt es auch keinen Altar, sondern nur einen Abendmahltisch, so daß die drei Fenster der Apsis besonders ins Auge fallen. Von außen erblickt man fünf rheinisch beeinflußte Fensternischen in der Apsis, davon sind zwei vermauert.

Marienhafe

Die Kirche von Marienhafe stand nach den mittelalterlichen Sturmfluten viel dichter am Meer als heute, da man den Einbruch der Leybucht zum Teil wieder durch die Gewinnung von Kögen geschlossen hat. Die dreischiffige Basilika von Marienhafe mit dem großen Querschiff und dem mächtigen Turm galt seinerzeit als der größte Kirchenbau in Ostfriesland.
Sie ist von ihrer architektonischen Seite her im Beitrag von Hermann Haiduck gewürdigt worden, aber wir wollen hier noch einmal den Blick auf ihr dort schon angesprochenes tragisches Schicksal lenken, nämlich den weitgehenden Abbruch im Jahre 1829 und den Verlust eines einmaligen Sandsteinfrieses von rund 250 m Länge mit 124 einzelnen Bildern unmittelbar unter dem Dach. Sie sind wenigstens in den Zeichnungen des Baumeisters Martens überliefert, von denen Kopien im Turm stehen. Außerdem hat man in der Kirche einige Reste des Frieses aufbewahrt. Die Halbreliefs waren außerordentlich originell, und neben Fabelbildern fanden sich Spottbilder gegen

die Verfehlungen kirchlicher Würdenträger, aber auch dämonische Gestalten aus der Zwischenwelt von Heidentum und Christentum.
Heute besucht man Marienhafe vor allem wegen des Turms, in dem Störtebeker sein Unwesen getrieben hat. Früher, als der Turm noch zwei Stockwerke mehr besaß, war er ein bedeutendes Seezeichen.
Damit sind wir am Ende unserer Wanderung durch die Welt der Kirchen an der deutschen Nordseeküste, und es sei abschließend nur darauf hingewiesen, daß es neben den erwähnten noch viele weitere Kirchen gibt, die der einzelne Betrachter als ebenso schön, eindrucksvoll und bemerkenswert ansehen mag, wie die hier vorgestellten.

Maler an der Nordsee

Heinz Spielmann

In der Geschichte der europäischen Landschaftsmalerei wurde die deutsche Nordseeküste später entdeckt als alle anderen Regionen zwischen Sizilien und Norwegen, der Iberischen Halbinsel und dem Riesengebirge. Erst gegen Ende des 19. Jahrhunderts entstanden künstlerisch relevante Bilder der Sylter Dünen, der Flutwellen unter einem grauen oder farbig leuchtenden Himmel und der flachen Ebenen des nördlichen Schleswig-Holsteins sowie der Hafenstädte an den Küsten und Flußmündungen. Noch Max Liebermann reiste, als er seine ersten Meerbilder malte, an die Nordseeküste Hollands, die bereits die niederländischen Barockmaler inspiriert hatte.
Warum gewann die Region, die für uns heute mit Liebermanns Antagonisten Emil Nolde unzertrennlich verbunden ist, für Maler erst so spät an Bedeutung? Die erste Antwort muß lauten: Weil Aufträge für das Entstehen von Kunstwerken entscheidend waren und keine Nachfrage nach Darstellungen der Nordseeküste bestand. Wenn Hamburger Kaufleute oder der Gottorfer Hof im 17. Jahrhundert Landschaftsbilder zu besitzen wünschten, sah man sich in Holland um, und als im 18. Jahrhundert die heimische Landschaft interessant wurde, bevorzugte man die abwechslungsreiche idyllische Region der Ostsee und ihres Hinterlandes.
Der zweite Grund dafür, warum die deutsche Nordseeküste die Künstler lange nicht in ihren Bann zog, ist gleichfalls mit einem Satz zu benennen: Diese Landschaft galt nicht als schön. Hegel formulierte es in seiner Ästhetik allgemeiner: Das „Naturschöne“ sei ein Reflex des „Kunstschönen“. Mit anderen Worten: Erst wenn ein Aspekt der Natur einem Künstler als darstellungswürdig erschiene, würde er allgemein als schön empfun-

den. Hegel selbst stand sogar den Alpen skeptisch gegenüber, die doch seit Albrecht Altdorfer, Paul Brill, Josse de Momper und Brueghel zahlreiche Meisterwerke inspiriert hatten – er bewunderte ihre Erhabenheit, bestritt jedoch, daß sie schön seien. Wieviel mehr mußte deshalb zu Beginn des 19. Jahrhunderts eine urwüchsige, noch wenig zivilisierte, die menschliche Ordnung ständig bedrohende Landschaft als ästhetisch irrelevant gelten!

Späte Entdeckung der Küstenlandschaft

Der erste Künstler, der dieser Landschaft und ihrem gefährdeten Lebensraum gerecht wurde, war bezeichnenderweise kein Maler oder Zeichner, sondern ein Dichter – der aus Husum stammende Theodor Storm. Von der Mitte des 19. Jahrhunderts an stellte er Land und Leute seiner Heimat in den Mittelpunkt seines Lebenswerks. Sein 1854 geschriebenes Gedicht „Meeresstrand“ mit seinen berühmten Anfangsversen

Ans Haff nun fliegt die Möwe,
Und Dämm'rung bricht herein;
Über die feuchten Watten
Spiegelt der Abendschein …

stellte suggestive Bilder vor Augen, ebenso seine späten Novellen, vor allem die letzte, der in seinem Todesjahr 1888 erschienene „Schimmelreiter“. Es war also die Literatur, die diese Landschaft, ihre Gefahren und ihre Unwirklichkeit für eine breite Öffentlichkeit anschaulich machte. Die ersten Maler von Rang, die die Landschaft Theodor Storms aufsuchten, waren die Malerfreunde Hans Peter Feddersen (1848–1941) und

Hinrich Wrage (1843–1912). Die beiden zwischen spätem Realismus und Freilichtmalerei einzuordnenden Künstler hielten sich 1872 erstmals auf Sylt auf, um dort zu malen. Etwa gleichzeitig wählte der etwas ältere Carl Ludwig Jessen (1833–1917) das gleiche Sujet. Mit ihren auf der Insel entstandenen Gemälden beginnt die Landschaftsmalerei der deutschen Nordseeküste. Insbesondere die menschenleeren, vom Tourismus noch nicht heimgesuchten Dünen mit ihrem elementaren Spannungsfeld von kahlem Land, bewegtem Meer und durch Wolken brechendem Licht hatten es ihnen angetan. Man spürt in der Dramatik dieser Bilder noch den Ausklang romantischen Naturerlebens, das an den Akademien in Kopenhagen, Düsseldorf und Weimar vermittelt wurde. Wrage und Feddersen entdeckten, abseits von dramatischem Pathos, immer intensiver die kontemplative Ruhe dieser Küsten und ihres Hinterlandes, die Stille und Abgeschiedenheit der Inselwelt und der hinter den Marschen liegenden Geest. Anders als diejenige Generation, deren Erlebnis im Gleichklang mit dem Naturverständnis des älteren Theodor Storm stand, sah die jüngere in der Freilichtmalerei das Helle, Frische und Offene der Landschaft – so der entscheidend durch Paris und den französischen Impressionismus geprägte Jacob Alberts (1860–1941) sowie der in Stuttgart geborene und in Berlin zu Ruhm gelangte Robert Breyer (1866–1941). Mit den Bildern Alberts' verbindet man die Frühlingsblüte auf den Halligen sowie die reifen Getreidefelder in der Marsch, mit denjenigen Breyers das Badeleben auf den Nord- und Ostfriesischen Inseln. Breyer besuchte von Berlin aus seit etwa 1910 bis in die zwanziger Jahre hinein immer wieder Sylt, Amrum und Cuxhaven. Während die Landschaften von Feddersen,

Der Friedhof der Heimatlosen bei Westerland auf Sylt. Gemälde von Hans Peter Feddersen von 1886

Das große Meerbild, ein typisches Wellenmotiv von Wenzel Hablik

Wrage und Alberts kaum Spuren des Menschen zeigen, spiegeln diejenigen Breyers das in den Jahrzehnten vor dem Ersten Weltkrieg erwachende Badeleben. Man sieht auf ihnen die neu erbauten Hotels und Musikpavillons, die Inselbahn, aber auch die Bauern bei der Ernte – ein heiteres, von Problemen ungetrübtes Leben im wechselnden Licht zwischen Frühling und beginnendem Herbst.

Die Gemälde der älteren und der jüngeren Maler entstanden ungefähr zur selben Zeit; um so auffälliger erscheint die Verschiedenartigkeit des Gleichzeitigen in den Werken der unterschiedlichen Künstler und Künstlergruppen. Nicht nur die späten Realisten und die Freilichtmaler zog es zwischen 1900 und 1910 an die Küsten der Nordsee, sondern auch die Symbolisten und Expressionisten.

Zu den Repräsentanten des deutschen Jugendstils und des Symbolismus gehören die Maler der Worpsweder Künstlerkolonie. Mehrfach reisten sie aus ihrem bei Bremen gelegenen Dorf nach Sylt, so Heinrich Vogeler (1872–1942) und Fritz Overbeck (1869–1909). Die Schwermut, die ihre Moorlandschaften kennzeichnet, übertrug sich auch auf ihre Sichtweise von Dünen und Meeren.

Das eigenwilligste Talent unter den Jugendstilkünstlern des deutschen Nordens stammte nicht von dort. Wenzel Hablik (1881–1934) kam aus Böhmen über Wien und Prag 1907 erstmals nach Sylt, dank einer Einladung von Ferdinand Avenarius, dem Herausgeber der vielbeachteten Zeitschrift „Kunstwart“. Das Meer hatte er vorher nie gesehen; um so stärker und unmittelbarer war der Eindruck, den es auf ihn machte. Seine Kunst gewann dadurch an Gehalt und Kraft. Wenn ihn zuvor vor allem Bildnisse, Hügellandschaften, Straßenszenen beschäftigt hatten, so malte er jetzt zeichenhafte Deutungen der Natur. Das Meer erschien ihm als eine kosmische, lebensstiftende Kraft, als Gleichnis und bewegendes Prinzip der Welt – ebenso wie Gebirge und Kristalle, Licht und Dunkel. So stellte er seine Idee des Kosmos 1909 in der Mappe „Schaffende Kräfte" vor. Vorher schuf er eine Reihe von Meerlandschaften. Die monumentalste unter ihnen, das im Dezember 1914 vollendete „Große Meerbild", gilt als die wohl bedeutendste Darstellung der Nordsee im Geist von Jugendstil und Symbolismus. Es faßt den Rhythmus der See in eine ornamentartige Ordnung.

Zwei prägende Künstler: Emil Nolde und Karl Schmidt-Rottluff

Emil Nolde (1867–1956) war älter als Hablik und so alt wie die genannten Vertreter der Freilichtmalerei, aber er übertraf sie alle an Ausdrucksfähigkeit in einer so zuvor nicht bekannten Direktheit von Sehen und Erleben. Die Neuartigkeit seiner Bilder verdeutlicht ein Vergleich mit Malereien seiner Generations- und Zeitgenossen, etwa mit den Arbeiten dänischer Künstler, zu denen Nolde 1901 in Kopenhagen Kontakt suchte. Diese Künstler standen in der Tradition der Freilichtmalerei. Einige von ihnen hatten sich in den 1880er Jahren in dem Fischerdorf Skagen an der Nordspitze Jütlands zu einer Künstlerkolonie zusammengefunden, die heute als herausragendes Zentrum des nordischen Impressionismus gilt. Zwar besaß Nolde zu dieser Gruppe um Anna und Michael Ancher, P. S. Kroyer und Christian Krohg – um nur die wichtigsten zu nennen – keine direkte Verbindung, aber er mußte sie ohne Zweifel als

Antipoden verstehen, als er seine Meerbilder schuf. Er malte zunächst 1901 in Lilstrand, einem kleinen Fischerdorf an der Nordseeküste Dänemarks, in hellen, grauen Farbtönen, dann, seit 1908, nach einer neuerlichen Hinwendung zur Meeresthematik in einer bis zu seinem Lebensende sich steigernden Intensität der Farben. Gelegentlich von Seglern belebt, erscheinen Wogen und Wolken in einem leuchtenden Licht. Kein anderer Maler wurde so sehr mit dem Wesen der Nordsee identifiziert wie Nolde, kein anderer hat ihn bis heute darin übertroffen.

Nolde galt auch den Jüngeren als Beispiel; sie baten ihn, Mitglied der von ihnen gegründeten Künstlergemeinschaft „Die Brücke“ zu werden, und für kurze Zeit erfüllte Nolde diesen Wunsch. Besonders nahe stand ihm Karl Schmidt-Rottluff (1884–1976) – ähnlich wie Nolde ein Einzelgänger –, der gleichfalls die Abgeschiedenheit suchte. Schmidt-Rottluff fand sie 1907 am Jadebusen. Das dort liegende Dangast mit dem Dangaster Moor, das bis 1912 sein Sommerdomizil werden sollte, wurde zu einem der Zentren der „Brücke“, als auch Heckel und Pechstein für einige Zeit hierherkamen. Anders als Nolde stellten Schmidt-Rottluff und seine Freunde jedoch selten das Meer allein dar, weitaus häufiger den kleinen Hafen mit den Segelbooten, die Häuser und Straßen des Dorfes sowie die kleinen Kurhäuser. Sie machen nur einen Teil der 301 Arbeiten aus, die Gerhard Wietek, der Chronist und Erforscher von Schmidt-Rottluffs Dangaster Jahren, nachweisen konnte. Für die deutsche Kunsttopographie ist das Wirken der „Brücke“-Maler im Oldenburgischen ebenso bedeutend wie Noldes Arbeit im nördlichen Schleswig-Holstein.

Karl Schmidt-Rottluff malte 1907 „Das blaue Haus“ in Dangast, dem Badeort am Jadebusen.

Die Künstlerszene nach dem Ersten Weltkrieg

Nach dem Ersten Weltkrieg, als die Nordseestrände häufiger von Touristen besucht wurden, zog es die Maler des deutschen Expressionismus mehr und mehr in die entlegenen Regionen der Ostsee. In den zwanziger Jahren machte Otto Mueller (1874–1930) einen Abstecher nach Sylt, zeichnete dort die Dünen und ließ sich von den Badenden zu einer Reihe von Lithographien anregen. Nach dem Zweiten Weltkrieg, als die Ostseestrände Pommerns und Ostpreußens versperrt waren, hielt sich auch Erich Heckel (1883–1970) mehrmals auf dieser Nordseeinsel auf, nicht das Meer und seine Brandung, sondern die Stille der Dünen und der Wattseite suchend.
Trotz der Verfolgung der Moderne unter dem Nationalsozialismus lebte die Kunst des deutschen Expressionismus zwischen 1933 und 1945 fort, verborgen, wie in Noldes „ungemalten Bildern", oder unbeachtet, wie in den Werken der Hamburgischen Sezession. Die jüngeren Maler wie Karl Kluth (1898–1971), Eduard Bargheer (1901–1979) oder Willem Grimm (1904–1986) orientierten sich nicht so sehr an Nolde oder den Künstlern der „Brücke", sondern vielmehr an Edvard Munch. Einige von ihnen, wie Kluth und Grimm, reisten deshalb nach Norwegen; so entstanden u. a. auch Bilder der norwegischen Felsenküste. Andere, wie Eduard Bargheer, liebten Sylt; sie übertrugen Munchs Sicht auf die Wattküste der jetzt manchem als Zufluchtsort dienenden Insel. Für einige Zeit zog sich auch Georg Tappert (1880–1957) hierher zurück; aus dem expressiven Maler der Berliner Nachtwelt wurde der realistische Schilderer von Land und Meer.
In einen anderen Nordseeort, nämlich nach

Eduard Bargheer: „Sylter Watt“, Aquarell und Gouache von 1938

Die Landschaft Theodor Storms: „Blick auf Hattstedt“ (1988) von Klaus Fußmann

St. Peter, begab sich ein weiterer der jüngeren Expressionisten, Kokoschkas ehemaliger Schüler Friedrich Karl Gotsch (1900–1984), als er 1950 ein ihm zusagendes Domizil suchte. St. Peter war Gotsch sowie seiner langjährigen Lebensgefährtin Hilde Goldschmidt und seinem Freund Hans Meyboden schon seit den zwanziger und dreißiger Jahren vertraut. In den fünfziger Jahren folgten ihm andere für kürzere oder längere Zeit, darunter Max Kaus (1891–1977).
Nicht alle Namen, die mit der Künstlerinsel Sylt oder anderen Orten der deutschen Nordseeküste verbunden sind, können hier genannt werden. Die Landschaft der Inseln und die übrigen Küsten behielten ihre Faszination, auch in der Zeit, in der die Abstraktion in der Malerei dominierte. Als Beispiel sei ein frühes Syltbild Emil Schumachers (1912–1999) genannt, das 1947 entstand und bereits die späteren, informellen Strukturen seiner Malerei vorausnimmt.
Je mehr in Norddeutschland eine gegenständliche Malerei wieder an Boden gewann, desto häufiger entstanden auch neue Deutungen jener Landschaft, die Theodor Storm für die Literatur entdeckt hatte. Teils kritisch gegenüber dem wachsenden Tourismus – wie Harald Duwe (1926–1984) –, teils durch die nach wie vor bestehende Entlegenheit manchen Ortes beeindruckt, wurde für sie die Nordseelandschaft zu einer sie inspirierenden Region. Unter denjenigen Malern, die heute die seit gut einem Jahrhundert lebendige Tradition in neuer Sicht fortführen, sei Klaus Fußmann (geb. 1938) hervorgehoben, der Storms Umwelt 1988 in einer Folge von Aquarellen vor Augen führte – als ein Zeugnis der ungebrochenen Faszination des Nordens.

Århammer, N.: Historisch-soziolinguistische Aspekte der nordfriesischen Mehrsprachigkeit. In: Friesisches Jahrbuch, S. 55–76, 1976

Behre, K.-E.: Beginn der Plaggenwirtschaft in Nordwestdeutschland nach pollenanalytischen Untersuchungen in Ostfriesland. Neue Ausgrabungen und Forschungen in Niedersachsen, Bd. 10, S. 197–224, Hildesheim 1976

Behre, K.-E. und H. van Lengen: Ostfriesland. Geschichte und Gestalt einer Kulturlandschaft, Aurich 1996

Brauer, H. u. a.: Die Kunstdenkmäler des Kreises Südtondern, Berlin 1939

Braun, F. und R. Strehl: Langhaus und Winkelbau. Uthlandfriesische Bauformen im 18. und 19. Jahrhundert, Bredstedt 1989

Christ, E.: Vom Fischkutter in Korb III der Europäischen Charta. In: Mehl, H.: Typisch Schleswig-Holstein? Merkmale – Meinungen – Mißverständnisse, S. 112–117, Heide 1997

Ellert und Richter Verlag: Das große Schleswig-Holstein Buch, Hamburg 1996

Feitsma, A., W. J. Alberts und B. Sjölin: Die Friesen und ihre Sprache, Bonn 1987

Fischer, L.: Haubarge, Bredstedt 1993

Gläntzer, V.: Das ostfriesische Gulfhaus zwischen Weser und Ems – Kulturschatzinsel Bauernhof – einzigartiges Kulturerbe im Weser-Ems-Gebiet, Cloppenburg 1996

Großherzogliches Staatsministerium (Hrsg.): Die Bau- und Kunstdenkmäler des Herzogtums Oldenburg, V. Heft, Die Ämter Brake, Butjadingen, Varel, Jever und Rüstringen, Neudruck der Ausgabe von 1909, Osnabrück 1976

Haddinga, J.: Das Buch vom ostfriesischen Tee, Leer 1977

Haiduck, H.: Kirchenarchäologie. Beginn und Entwicklung des Kirchenbaues im Küstengebiet zwischen Ems- und Wesermündung bis zum Anfang des 13. Jahrhunderts. Quellen zur Geschichte Ostfrieslands, Bd. 15, Aurich 1992

Hangen, H. (Hrsg.): Volkskunde und Brauchtum in Ostfriesland, Aurich 1988

Haupt, R.: Die Bau- und Kunstdenkmäler in der Provinz Schleswig-Holstein, Heide 1924

Janssen, W.: Die Schloßkirche Varel und ihre Baugeschichte, Oldenburg 1986

Jessel, H. (Hrsg.): Das große Sylt-Buch, Hamburg 1994

Krawitz, R.: Ostfriesland mit Jever und Wangerland, Köln 1988

Krogmann, W.: Sylter Sagen nach C. P. Hansen, Göttingen 1966 (= Denkmäler deutscher Volksdichtung, Bd. 7)

Landesamt für Denkmalpflege Schleswig-Holstein und Amt für Denkmalpflege der Hansestadt Lübeck: Kunst-Topographie Schleswig-Holstein, Neumünster 1969

Mehl, H.: Typisch Schleswig-Holstein? Merkmale – Meinungen – Mißverständnisse, Heide 1997

Meinz, M.: Der mittelalterliche Sakralbau in Ostfriesland. Abhandlungen und Vorträge zur Geschichte Ostfrieslands, Bd. 46, Aurich 1966

Niedersächsisches Ministerium für Wissenschaft und Kultur (Hrsg.): Landgang – Kulturlandschaft Ost-Friesland, Leer 1996

Rauterberg, C.: Der Kirchenbau des Mittelalters in Schleswig-Holtein. Schleswig-Holsteinische Kirchengeschichte, Bd. 2, S. 71–129, Neumünster 1978

Reiter, M.: Kirchen am Meer, Kiel 1994

Scheer, L. und U. Mathieu: Das Barghus in der Wilstermarsch, Wewelsfleth 1995

Sievers, K. D.: Feste in Schleswig-Holstein. Ein lexikalischer Führer durch den Jahreslauf, Neumünster 1984

Spielmann, H.: Jahrbuch des Schleswig-Holsteinischen Landesmuseums, Bd. 4, 1992–1993, Neumünster 1995

Steensen, T.: Friesische Sprache und friesische

Bewegung. Streifzüge durch die Geschichte Nordfrieslands, Husum 1996

Steensen, T. (Hrsg.): Das große Nordfriesland-Buch, Hamburg 2000

Van der Kooi, J. und T. Schuster: Märchen und Schwänke aus Ostfriesland, Leer 1993

Walker, A.: Nordfriesland, die Nordfriesen und das Nordfriesische. In: Hinderling, R. und L. M. Eichinger (Hrsg.): Handbuch der mitteleuropäischen Sprachminderheiten, S. 1–30, Tübingen 1996

Wilts, O. und M. C. Fort: Nordfriesland und Saterland. Friesisch zwischen Meer und Moor. Europäische Sprachen, 3, Brüssel 1996

Wolf, G.: Haus und Hof deutscher Bauern, 1. Bd. Schleswig-Holstein, Berlin 1940

Jürgen Newig, geb. 1941, ist Professor für Geographie und ihre Didaktik an der Universität Kiel. Seine Schwerpunkte liegen bei der Küsten- und Meeresgeographie, der Erforschung des Fremdenverkehrs und der historischen Kartographie. Er ist Autor und Mitherausgeber fach- und populärwissenschaftlicher Veröffentlichungen zu Küsten- und Seebäderthemen.

Hans Theede, Prof. Dr., Universität Kiel, geb. 1934. Sein Arbeitsgebiet ist die Meereszoologie, wobei die ökologischen Beziehungen und physiologischen Anpassungen der Meeresorganismen im Vordergrund stehen. In zahlreichen fach- und populärwissenschaftlichen Aufsätzen für Zeitschriften und Buchpublikationen beschäftigte er sich auch mit Problemen der Meeresverschmutzung. Ehrendoktor der Landwirtschaftlichen Universität in Stettin.

Die Autoren

Hermann Haiduck, 1938 in Wilhelmshaven geboren. Als Restaurator am Institut für historische Küstenforschung in Wilhelmshaven tätig. Kunstgeschichtliche und archäologische Forschungen mit zahlreichen Veröffentlichungen von Monographien und Aufsätzen. Seit 1994 gewähltes Mitglied der Archäologischen Kommission für Niedersachsen. 1997 Auszeichnung durch die Akademie der Wissenschaften zu Göttingen mit der Brüder-Grimm-Medaille.

Gerd Kühnast, Jahrgang 1936, Sonderschullehrer a. D.; Mitbegründer und Vorsitzender der Interessengemeinschaft Baupflege Nordfriesland e. V., die zugleich Arbeitsgruppe am Nordfriisk Instituut ist; Herausgeber der Zeitschrift „DER MAUERANKER“ mit Beiträgen zur regionalen Bau- und Denkmalpflege.

Uda von der Nahmer, Jahrgang 1945, Studium der Volkskunde an der Universität Göttingen mit dem Schwerpunkt Feld- und Brauchforschung; arbeitet seit 1991 als Leiterin der Kulturagentur der Ostfriesischen Landschaft in Aurich. Verschiedene Veröffentlichungen zu Themen des historischen und modernen ostfriesischen Küstenlandes.

Heinz Spielmann, Prof. Dr., geb. 1930, leitete von 1986 bis 2000 das Schleswig-Holsteinische Landesmuseum auf Schloß Gottorf in Schleswig. Es wuchs während dieser Zeit zum bedeutendsten Museum zwischen Hamburg und Kopenhagen, u. a. durch Erwerbungen von Malerei des 19. Jahrhunderts und des Expressionismus.

Thomas Steensen, Prof. Dr., geb. 1951 in Bredstedt, war Redakteur der Husumer Nachrichten, 1985 Promotion in Kiel, seit 1987 Direktor des Nordfriisk Instituut in Bredstedt, lehrt an der Universität Flensburg, Verfasser bzw. Herausgeber zahlreicher Veröffentlichungen zur Geschichte, Sprache und Kultur Nordfrieslands, 1987 Borchling-Preis der Stiftung F. V. S. zu Hamburg.

Manfred Wedemeyer, geb. 1931 in Nortorf (Holstein), Studium der Volkswirtschaft, Promotion 1957, von 1971 bis 1998 Leiter der Akademie am Meer in Klappholttal auf Sylt, 2. Vorsitzender des Verbandes der Schriftsteller in Schleswig-Holstein e. V., zahlreiche Veröffentlichungen, u. a. Sylter Spaziergänge (1997), Kleine Geschichte der Insel Sylt (1993), Die schönsten Sagen der Insel Sylt (1984).

Jürgen Newig/Hans Theede (Hrsg.)
Sturmflut
160 Seiten mit 57 Abbildungen, DM 19,80

Sturmfluten erobern immer wieder das mühsam dem Meer abgetrotzte Land zurück und zwingen die Bewohner zu enormen Anstrengungen, um der steten Gefahr durch Küstenschutzmaßnahmen zu begegnen. Profilierte Kenner der Materie erläutern die verschiedenen Aspekte der Naturkatastrophe. Von der Entstehung einer Sturmflut über die großen Katastrophen der vergangenen Jahrhunderte und die Geschichte des Deichbaus bis hin zum modernen Küstenschutz reicht das komplexe Spektrum. Wichtige Hintergrundinformationen, etwa über die Veränderung der Küstenlinie in den vergangenen 1000 Jahren und die Siedlungsgeschichte in den Marschgebieten, tragen zum besseren Verständnis dieses atemberaubenden Naturphänomens bei.

Jürgen Newig/Hans Theede (Hrsg.)
Von Seefahrt, Seeräubern und Schiffswracks
120 Seiten mit 62 Abbildungen, DM 19,80

Von jeher mußten sich Schiffe und ihre Besatzungen mit den Kräften der Natur messen. Zahlreiche Wracks an der Nordseeküste legen Zeugnis ab von den Gefahren der Seefahrt. Doch nicht nur die unberechenbare Natur bedrohte die See- und Handelsfahrer – ganze Scharen von Seeräubern kreuzten im Mittelalter und der Neuzeit auf den Weltmeeren. Spannend und informativ erzählen die versierten Autoren in dem reich bebilderten Band von der Geschichte der Seefahrt und ihren Gefahren.

Jürgen Newig/Hans Theede (Hrsg.)
Das Wattenmeer – Landschaft im Rhythmus der Gezeiten
176 Seiten mit 62 Abbildungen, DM 19,80

Das Wattenmeer ist der einzigartige Lebensraum im Übergangsbereich zwischen Nordsee und Festland! Das Spektrum der hochinteressanten Beiträge reicht von der Entwicklung des Wattenmeeres bis zur Gefährdung der Lebenswelt und den Bemühungen zu ihrem Schutz im Rahmen des Nationalparks.

Jürgen Newig/Hans Theede (Hrsg.)
Pflanzen- und Tierwelt im Wattenmeer
152 Seiten mit 65 Abbildungen, DM 19,80

Das Wattenmeer, das zweimal täglich im Rhythmus der Gezeiten überspült wird und wieder trockenfällt, ist einmalig auf der Welt. Experten erzählen in dem Band, unterstützt durch informative und stimmungsvolle Fotos, anschaulich von seiner Fauna und Flora. Sie berichten von Wattwürmern und Krabben, Plattfischen, Robben und Seevögeln und erläutern, mit welchen besonderen Mechanismen sich diese und viele andere Tiere in dem extremen Lebensraum behaupten. Auch die Pflanzen – ob Algen, Queller oder Schlickgras – sind optimal angepaßt, um ihr Überleben im Watt zu sichern. In seiner faszinierenden Vielfalt wird die Lebenswelt des Wattenmeers, die zunehmend durch Eingriffe des Menschen bedroht ist, vor Augen geführt.

Archiv Ellert & Richter Verlag, Hamburg: S. 9, 14 o., 14 u., 16, 19
Archiv Heinz Spielmann, Hamburg: S. 6/7 (Wrage), 133 o. (Feddersen)
© Eduard Bargheer, Hamburg: 139 o. (mit freundlicher Genehmigung des Eduard-Bargheer-Hauses [Nachlaß Eduard Bargheer], Hamburg)
Ev. Kirchengemeinde Sillenstede, Schortens: S. 97 o., 97 u.
Ev.-luth. St. Hippolyt-Kirche zu Blexen, Blexen: S. 121 o., 121 u.
© Klaus Fußmann, Osterholz: S. 139 u.
© Wenzel Hablik (Wenzel Hablik Museum, Itzehoe): S. 133 u.
Hermann Haiduck, Wilhelmshaven: S. 90, 93 (nach einer Zeichnung von Friedrich von Quast aus dem Jahr 1871), 95 o., 95 u., 101 o., 101 u., 125 u.
Ottmar Heinze, Hamburg: S. 125 o., 127 o., 127 u.
Urs Kluyver, Hamburg: S. 39 u., 45, 55, 69 o., 69 u., 111 u., 119
Gerd Kühnast, Breklum: S. 71 o. (Archiv), 71 u. (Archiv), 74 (Archiv), 81, 89 o.
Hans Joachim Kürtz, Kiel: S. 65
Dieter Kuhrmann, Hattstedt: S. 85
Jan Leseberg, Aventoft: S. 83
Uda von der Nahmer, Aurich: S. 37 u.
Jürgen Newig, Flintbek: S. 30, 57, 77 (Zeichnung)
Michael Pasdzior, Hamburg: S. 39 o., 113 o., 113 u.
Georg Quedens, Norddorf/Amrum: S. 21, 37 o., 61, 107, 109 o. 111 o., 115 u.
Christine Scheer, Wewelsfleth: S. 79
Reinhard Scheiblich, Norderstedt: S. 41, 47, 49, 89 u., 109 u.
Karl Schmidt-Rottluff © VG BILD-KUNST, Bonn 2000: S. 137
Thomas Steensen, Husum: S. 24, 25, 26, 27, 33
Heinz Teufel, Eckernförde: Titel
Beatrice du Vinage, Nordfriisk Instituut, Sammlung Thomas Steensen, Bredstedt: S. 28/29
Rüdiger Volkens, Tönning: S. 115 o.

Karte: S. 31 (Nordfriisk Instituut, Bredstedt)

Impressum

Die Deutsche Bibliothek – CIP-Einheitsaufnahme

Tradition und Kultur an der deutschen Nordseeküste / Hrsg.: Jürgen Newig; Hans Theede – Hamburg: Ellert und Richter, 2001
(Edition Ellert & Richter)
ISBN 3-89234-981-9

Gestaltung: Büro Brückner + Partner, Bremen
Lithographie: ORC Offset-Repro im Centrum, Hamburg
Satz: KCS GmbH, Buchholz/Hamburg
Druck: wgb Wiesbadener Graphische Betriebe GmbH, Wiesbaden
Bindung: S. R. Büge, Celle